KYUNG HEE KOREAN

경희한국어

고급 1

문법

경희한국어

고급 1 문법

초판 1쇄 발행 2020년 3월 30일
초판 4쇄 발행 2024년 2월 27일

지은이 권오희 전현정 이경희 곽정례 김경지 남정희
박은정 심규성 유성희 이훈 이명귀 홍윤기
펴낸이 한균태
펴낸곳 경희대학교 출판문화원
일러스트 이미지포유

주소 서울 동대문구 경희대로 26
전화 02-961-0106~8
팩스 02-961-0291
설립 1960년 9월 16일 제5-8호
등록 1977년 11월 8일 제6-5호
홈페이지 www.khupress.com
전자우편 press@khu.ac.kr

ISBN 978-89-8222-655-7 (14700)
978-89-8222-641-0 (14700) 세트

* 표제 서체 ⓒ한국관광공사 경기도체 | p55_드라켄 ⓒ경주월드 | p76_책가도 ⓒ경기도박물관 | p131_부산행 ⓒNEW
* 이미지 제공: 게티이미지뱅크, 게티이미지코리아
* 이 책에 사용된 모든 자료는 출처 및 저작권을 확인하고 정상적인 절차를 밟아 사용하였습니다.
누락된 부분이 있으면 이후 확인 과정을 거쳐 반영하겠습니다.

KYUNG HEE KOREAN

경희한국어

고급 1

문법

경희대학교 출판문화원

머리말

경희대학교는 1993년에 한국어교육 과정을 개설한 이래 학습자가 한국어와 한국 문화를 재미있게 배울 수 있도록 노력해 왔다. 《경희한국어》 교재편찬위원회와 출판문화원은 그간의 교수 학습의 성과를 기초로 하여 《경희한국어》를 새롭게 출간한다.

이번에 출간하는 한국어 교재는 《경희한국어》 중급 1과 중급 2의 '문법', '듣고 말하기', '읽고 쓰기', 고급 1과 고급 2의 '문법', '듣고 말하기', '읽고 쓰기' 12권이다. 이로써 '첫걸음'을 시작으로 한 《경희한국어》 시리즈 총 19권을 완간하게 되었다.

'문법'은 학습자가 반드시 익혀야 할 문법 항목을 중심으로 학습 내용을 구성하였다. 연습 문제와 과제를 넉넉히 제시하여 해당 문법의 의미와 기능을 익히도록 하였으며 적절한 상황 맥락을 제시하여 문법 항목을 활용해 말하기 활동을 하도록 하였다.

'듣고 말하기'는 주제와 관련된 듣기 활동과 말하기 활동이 긴밀하게 연관되도록 구성하였다. 듣기를 통해 이해한 내용이 말하기의 주요 소재가 되도록 하였으며 다양한 상황을 제시하여 학습자가 스스로 응용하여 말할 수 있도록 내용을 짰다.

'읽고 쓰기'는 주제에 관한 읽기 활동과 쓰기 활동이 유기적으로 결합되도록 구성하였다. 학습자 수준에 부합하는 읽기 자료를 제공함으로써 한국어 텍스트에 대한 문식력을 키우도록 하였다. 더불어 읽기 텍스트를 모방하는 쓰기 활동뿐만 아니라 학습자가 자신의 문화적 배경, 경험, 지적 능력을 충분히 발현하여 쓰기 활동을 할 수 있도록 쓰기 과제를 구성하였다.

《경희한국어》 출간에 맞추어 《경희한국어》 교재편찬위원회는 경희사이버대학교와 함께 온라인 한국어 강의도 개발하였다. 학습자가 《경희한국어》 온라인 강의를 자율적으로 학습함으로써 보다 정확하고 유창한 한국어를 구사할 수 있도록 설계하였다. 아울러 학습자가 수동적인 자세에서 벗어나 능동적이고 적극적인 학습자로 성장해 나가도록 체계적이고 효율적인 모바일 LMS를 마련하였다.

마지막으로 《경희한국어》 집필위원과 출판문화원 교직원들께 고마움을 전한다. 이분들의 헌신이 없었다면 이 교재는 세상에 나오지 못했다. 교재 발간 시작에서 마무리까지 이분들의 손길이 가득하다. 아울러 《경희한국어》 출간을 물심양면으로 지원해 주신 학교 관계자들께도 깊이 감사드린다.

2020년 3월
경희대학교 《경희한국어》 교재편찬위원회

일러두기

경희한국어 고급 1은 한국어를 배우려는 성인 학습자를 위한 한국어 교재 6단계 중 다섯 번째에 해당하는 교재이다. 이 책은 **문법** 교재로 고급 한국어 학습자가 다양한 상황에서 의사소통할 때 정확한 문장을 구사할 수 있도록 구성하였다. 일상에서의 풍부한 언어생활뿐만 아니라 전문 분야 연구나 업무 수행에도 활용할 수 있도록 정치, 경제, 사회, 문화 전반에 걸친 다양한 소재를 예문과 연습에 제시하였다. 이 책을 통해 학습자는 의사소통 상황에 맞는 문법을 정확하고 유창하게 발화하고 공식·비공식, 구어·문어를 맥락에 따라 적절히 구분해 사용할 수 있을 것이다.

이 책은 교실 수업 외에도 학습자 스스로 학습할 수 있도록 구성되어 있다. 자가 학습을 할 경우 **경희한국어 웹사이트**를 통해 다양한 상황과 맥락을 이해하고 표현할 수 있도록 MP3와 확장 자료를 지원하고 있다.

◆ 이 책의 주요 특징

01 일상생활과 학술 활동 및 업무 수행에서 사용되는 문법 항목 중 빈도가 높은 항목을 중심으로 30개를 선정하였다.

02 각 문법 항목은 **도입 대화** ▶ **의미 제시** ▶ **연습** ▶ **활동**으로 구성되어 있으며 문법의 의미를 추측하는 데서부터 다양한 상황에 맞게 활용하는 데까지 단계적으로 학습이 이루어지도록 구성하였다.

03 필요한 경우 〈한 가지 더〉에서 해당 문법의 화용적 특성에 대한 추가 정보를 제시함으로써 성공적인 의사소통이 가능하도록 배려하였다.

◆ 단원 구성

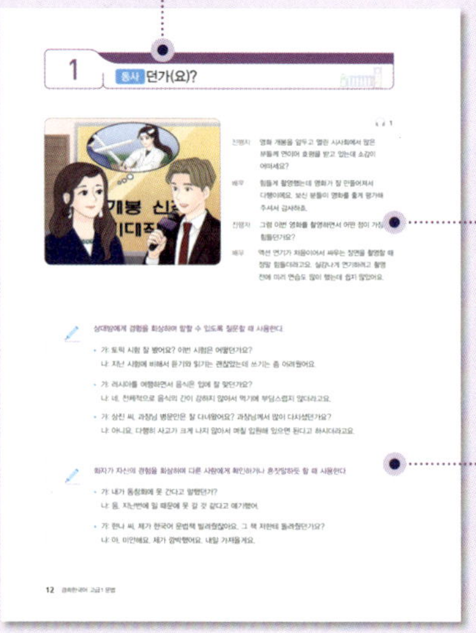

목표 문법 제시

학습할 문법을 제시하였다.

도입 대화

해당 문법이 사용되는 전형적인 담화 상황을 제시하여 문법의 의미를 추측할 수 있도록 구성하였다.

의미 제시

해당 문법의 의미를 설명하고 적절한 대화 및 예문을 제시하였다.

연습 1

목표 문법을 사용해 자연스럽게 발화해 보도록 연습을 구성하였다.

연습 2

적절한 어휘와 표현을 골라 대화를 완성하는 연습을 구성하였다.

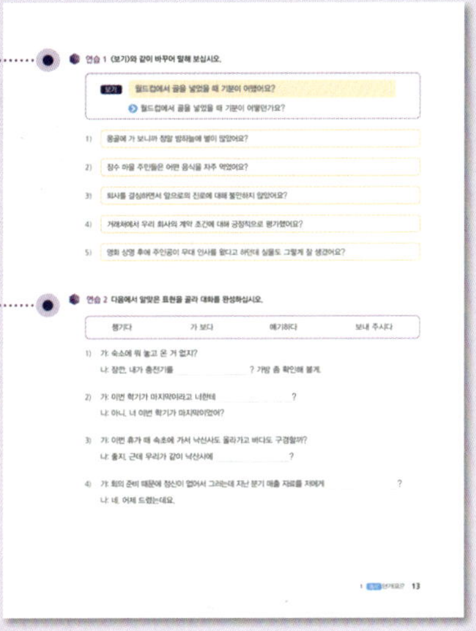

연습 3

학습자가 내용을 채워 문장을 완성하는 연습을 구성하였다.

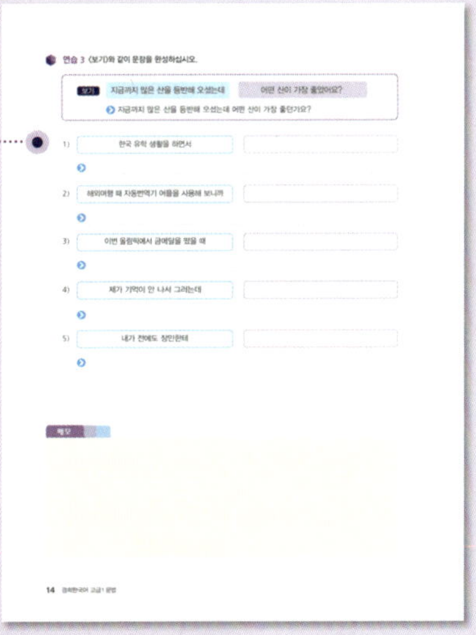

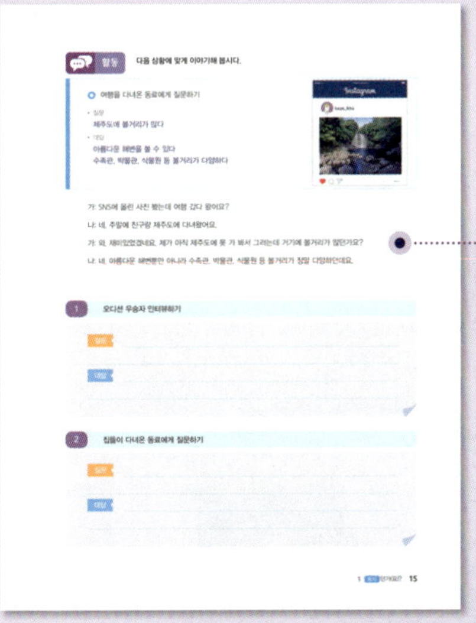

활동

목표 문법을 활용하여 실제 담화 상황에 맞는 대화나 발표 등을 할 수 있도록 예를 제시한 후 학습자 간 상호작용을 하도록 구성하였다.

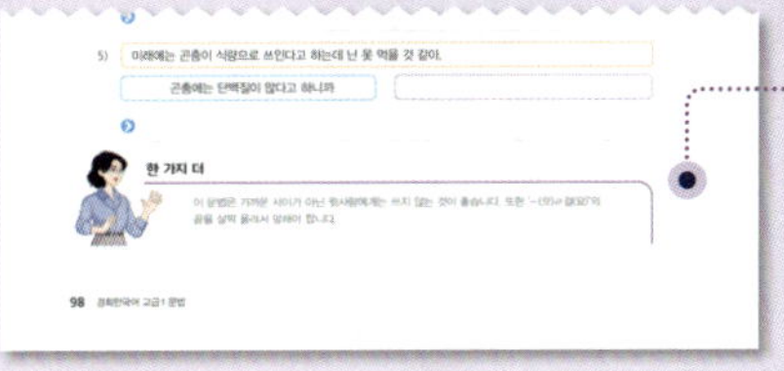

한 가지 더

해당 문법을 사용할 때 참고할 만한 화용적 특성을 제시하였다.

등장인물

자이툰 사닐
Zeitoun Sanil
터키
학생

김은영
Kim Eunyeong
한국
한국어 교사

레아 마르텡
Lea Martin
프랑스
학생

루카스 윌리엄스
Lucas Williams
미국
학생

응웬 티 흐엉
Nguyen Thi Huong
베트남
학생

장민
Zhang Min
중국
학생

최지아
Choi Jia
한국
대학생

한나 요한손
Hanna Johansson
스웨덴
학생

사토 나츠미
Sato Natsumi
일본
학생

이반 이바노프
Ivan Ivanov
러시아
학생

이준서
Lee Junseo
한국
대학생

리첸
Lee Chen
싱가포르
회사원

타냐 모코닌
Tanya Mokonin
에티오피아
회사원

박상진
Park Sangjin
한국
회사원

CONTENTS

차례

1 동사 던가(요)?

1

진행자 영화 개봉을 앞두고 열린 시사회에서 많은 분들께 연이어 호평을 받고 있는데 소감이 어떠세요?

배우 힘들게 촬영했는데 영화가 잘 만들어져서 다행이에요. 보신 분들이 영화를 좋게 평가해 주셔서 감사하죠.

진행자 그럼 이번 영화를 촬영하면서 어떤 점이 가장 힘들던가요?

배우 액션 연기가 처음이어서 싸우는 장면을 촬영할 때 정말 힘들더라고요. 실감 나게 연기하려고 촬영 전에 미리 연습도 많이 했는데 쉽지 않았어요.

상대방에게 경험을 회상하며 말할 수 있도록 질문할 때 사용한다.

- 가: 토픽 시험 잘 봤어요? 이번 시험은 어떻던가요?
  나: 지난 시험에 비해서 듣기와 읽기는 괜찮았는데 쓰기는 좀 어려웠어요.
- 가: 러시아를 여행하면서 음식은 입에 잘 맞던가요?
  나: 네. 전체적으로 음식의 간이 강하지 않아서 먹기에 부담스럽지 않더라고요.
- 가: 상진 씨, 과장님 병문안은 잘 다녀왔어요? 과장님께서 많이 다치셨던가요?
  나: 아니요. 다행히 사고가 크게 나지 않아서 며칠 입원해 있으면 된다고 하시더라고요.

화자가 자신의 경험을 회상하며 다른 사람에게 확인하거나 혼잣말하듯 할 때 사용한다.

- 가: 내가 동창회에 못 간다고 말했던가?
  나: 응. 지난번에 일 때문에 못 갈 것 같다고 얘기했어.
- 가: 한나 씨, 제가 한국어 문법책 빌려줬잖아요. 그 책 저한테 돌려줬던가요?
  나: 아, 미안해요. 제가 깜박했어요. 내일 가져올게요.

연습 1 〈보기〉와 같이 바꾸어 말해 보십시오.

보기 월드컵에서 골을 넣었을 때 기분이 어땠어요?

➔ 월드컵에서 골을 넣었을 때 기분이 어떻던가요?

1) 몽골에 가 보니까 정말 밤하늘에 별이 많았어요?

2) 장수 마을 주민들은 어떤 음식을 자주 먹었어요?

3) 퇴사를 결심하면서 앞으로의 진로에 대해 불안하지 않았어요?

4) 거래처에서 우리 회사의 계약 조건에 대해 긍정적으로 평가했어요?

5) 영화 상영 후에 주인공이 무대 인사를 왔다고 하던데 실물도 그렇게 잘 생겼어요?

연습 2 다음에서 알맞은 표현을 골라 대화를 완성하십시오.

챙기다	가 보다	얘기하다	보내 주시다

1) 가: 숙소에 뭐 놓고 온 거 없지?
나: 잠깐, 내가 충전기를 ______________? 가방 좀 확인해 볼게.

2) 가: 이번 학기가 마지막이라고 너한테 ______________?
나: 아니. 너 이번 학기가 마지막이었어?

3) 가: 이번 휴가 때 속초에 가서 낙산사도 올라가고 바다도 구경할까?
나: 좋지. 근데 우리가 같이 낙산사에 ______________?

4) 가: 회의 준비 때문에 정신이 없어서 그러는데 지난 분기 매출 자료를 저에게 ______________?
나: 네. 어제 드렸는데요.

연습 3 〈보기〉와 같이 문장을 완성하십시오.

보기 지금까지 많은 산을 등반해 오셨는데 | 어떤 산이 가장 좋았어요?

➔ 지금까지 많은 산을 등반해 오셨는데 어떤 산이 가장 좋던가요?

1) 한국 유학 생활을 하면서

➔

2) 해외여행 때 번역기 앱을 사용해 보니까

➔

3) 이번 올림픽에서 금메달을 땄을 때

➔

4) 제가 기억이 안 나서 그러는데

➔

5) 내가 전에도 장민한테

➔

메모

활동 다음 상황에 맞게 이야기해 봅시다.

여행을 다녀온 동료에게 질문하기

- 질문
  제주도에 볼거리가 많다
- 대답
  아름다운 폭포를 볼 수 있다
  수족관, 박물관, 식물원 등 볼거리가 다양하다

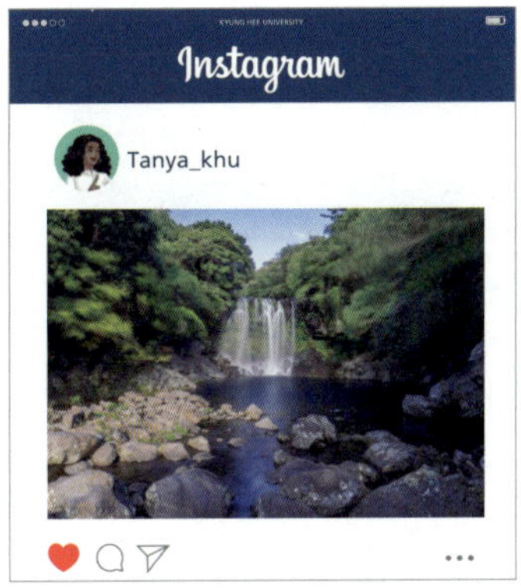

가: SNS에 올린 사진 봤는데 여행 갔다 왔어요?

나: 네. 주말에 친구랑 제주도에 다녀왔어요.

가: 와, 재미있었겠네요. 제가 아직 제주도에 못 가 봐서 그러는데 거기에 볼거리가 많던가요?

나: 네. 아름다운 폭포뿐만 아니라 수족관, 박물관, 식물원 등 볼거리가 정말 다양하던데요.

1 오디션 우승자 인터뷰하기

질문 ....

....

대답 ....

....

2 집들이 다녀온 동료에게 질문하기

질문 ....

....

대답 ....

....

2 동작동사 고자

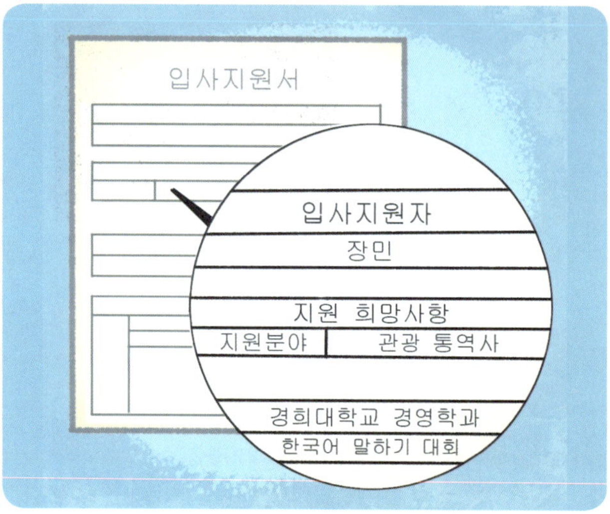

2

면접관 이력서를 보니 말하기 대회에서 우수상을 받았네요.

장민 네. 부족한 실력이지만 경험 삼아 나갔는데 좋은 결과를 얻었습니다.

면접관 그렇군요. 그런데 경영학과를 졸업하고 관광 통역사가 되려는 특별한 이유가 있습니까?

장민 네. 저는 한국을 찾는 중국 관광객들에게 한국 문화를 소개해 두 나라를 연결하는 가교 역할을 하고자 관광 통역사에 지원하게 됐습니다.

어떤 행위의 목적을 나타낼 때 사용한다. 연설, 면접, 발표, 보고 등 공식적이고 격식을 갖춰야 하는 상황에서 주로 쓴다.

- 가: 다음으로 기호 1번 홍길동 후보의 말씀을 들어 보겠습니다.
  나: 시민 여러분, 저는 서울시의 발전에 기여하고자 이 자리에 섰습니다.
- 정부는 시민 단체와 대화를 통해 문제점을 해결하고 원만한 합의점을 찾고자 노력하고 있다.
- 엘리베이터에서 발생하는 소음의 원인을 파악하고자 정밀 검사를 실시하였다.

'-고자 하다'의 형태로 쓰여 의도나 지향을 나타낼 때 사용한다.

- 가: 지금부터 SNS가 사회에 미치는 영향을 주제로 토론을 시작하겠습니다. 장민 씨부터 말씀해 주시죠.
  나: 네. 저는 SNS의 긍정적인 영향에 대해 말씀드리고자 합니다.
- 이 회사에 입사한 이후에도 업무에 필요한 자격증을 취득하는 등 전문성을 갖추기 위해 노력하고자 합니다.
- 설문 조사 결과에 따르면 한국 문화에 관심을 갖고 한국어를 배우고자 하는 외국인이 꾸준히 늘고 있다고 한다.

연습 1 〈보기〉와 같이 연결하여 말해 보십시오.

보기	물가를 안정시키다	공공요금 인하를 단행했습니다

물가를 안정시키고자 공공요금 인하를 단행했습니다.

1)	배우 이동현 씨는 남몰래 불우이웃을 돕다	수년째 익명으로 봉사 단체에 기부금을 전달했다고 합니다.
2)	소통의 기회를 마련하다	이번 모임을 개최하게 되었습니다.
3)	반복되는 일상에서 벗어나다	색다른 취미 활동을 즐기는 사람들이 늘고 있습니다.
4)	기후 변화의 심각성을 알리다	환경 문제에 관한 다큐멘터리를 기획했다.
5)	소비자의 요구에 부응하다	더 나은 서비스 프로그램을 마련 중입니다.

연습 2 다음에서 알맞은 표현을 골라 대화를 완성하십시오.

본받다	성장하다	말씀드리다	지켜 나가다

1) 가: 우리 회사에 입사하게 된다면 어떤 각오로 임하시겠습니까?
   나: 제가 경험은 부족하지만 매사에 최선을 다해 회사와 함께 ________________.

2) 가: 요즘 위인전을 자주 읽으신다던데 특별한 이유가 있습니까?
   나: 옛 성인들의 삶을 대하는 태도와 정신을 ________________ 마음 때문입니다.

3) 가: 김 교수님께서는 그럼 세대 차이가 세대 갈등과도 같다는 말씀이신가요?
   나: 아닙니다. 제가 ________________ 것은 세대 차이는 있을 수 있지만 그것이 갈등으로 이어져서는 안 된다는 것입니다.

4) 가: 회장님, 올해에도 경희식품이 소비자 만족도 조사에서 1위를 했지요? 축하드립니다.
   나: 감사합니다. 처음 회사를 설립했을 때부터 제 가족이 먹을 거라고 생각하며 음식을 만들어 왔습니다. 저희는 앞으로도 이러한 초심을 ________________.

연습 3 〈보기〉와 같이 문장을 완성하십시오.

보기

대인기피증을 극복하다	동아리 활동을 시작하다

➡ 대인기피증을 극복하고자 동아리 활동을 시작하게 되었습니다.

1) | 진로에 대한 조언을 구하다 | |

➡

2) | 그동안 쌓은 요리 실력을 검증받다 | |

➡

3) | | 설문 조사를 실시하다 |

➡

4) | | 올해는 태풍이 오기 전에 철저히 대비하다 |

➡

5) | | 수십 번 반복해서 연습하다 |

➡

메모

활동 다음 상황에 맞게 이야기해 봅시다.

- 선거에 출마한 목적과 계획 묻고 답하기

• 출마 목적
유학생 복지 실현

• 향후 계획
한국어 실력이 부족한 유학생들을 위한 상담 센터 설치

가: 장민 후보님, 이번 선거에 출마하게 된 이유가 무엇입니까?

나: 제가 1년 동안 한국 생활을 하면서 유학생들의 고충을 직접 경험했습니다. 제 경험을 바탕으로 유학생의 복지를 실현시키고자 출마하게 되었습니다.

가: 구체적으로 말씀해 주실 수 있습니까?

나: 우선 한국어 실력이 부족한 유학생들을 위한 상담 센터를 만들고자 합니다.

1 대학 지원 동기와 각오 묻고 답하기

지원 동기 ....

각오 ....

2 발표 주제와 선정 이유 묻고 답하기

발표할 주제 ....

선정한 이유 ....

3 동사 건 동사 건

3

장민 나츠미, 주문한 음식 왔어. 식기 전에 얼른 먹자.

나츠미 잠깐, 탕수육 위에 소스를 부어 먹을까?
아니면 찍어 먹을까?

장민 난 부어 먹건 찍어 먹건 상관없는데.

나츠미 그럼 붓지 말고 찍어 먹자.

여럿 중 어느 경우를 선택해도 상관없음을 나타낼 때 사용한다. 의문사와 함께 결합하여 '의문사 + 동사 건'의 형태로도 쓴다.

- 가: 월급이 적어서 그런지 돈 모으는 게 쉽지 않네.
  나: 씀씀이가 헤픈 건 아니고? 월급이 많건 적건 아껴 써야 돈을 모을 수 있어.
- 가: 이 화장품은 아이들이 써도 되나요?
  나: 네. 순한 성분으로 만들어져서 아이건 어른이건 상관없이 모두 사용할 수 있습니다.
- 노래를 부르건 운동을 하건 스트레스를 해소할 수 있는 자신만의 방법이 있어야 해요.
- 시험을 잘 봤건 못 봤건 간에 성적표가 나오기 전까지는 실컷 놀자.
- 루카스는 성격이 활달해서 누구를 만나건 어색해하지 않고 대화를 잘하더라.

연습 1 〈보기〉와 같이 연결하여 말해 보십시오.

보기		
나는	맡은 일이 크다 / 작다	항상 최선을 다해야 한다고 생각해.

➜ 나는 맡은 일이 크건 작건 항상 최선을 다해야 한다고 생각해.

1)	관객들은	그 노래를 알다 / 모르다	박수를 치며 다같이 공연을 즐기더라고.
2)	입국자는	신고할 물건이 있다 / 없다	모두 세관 신고서를 작성해야 합니다.
3)	한국에서는 해가 바뀌면	생일이 지났다 / 안 지났다	나이를 먹는다면서요?
4)	대부분의 사람들은	소문이 사실이다 / 아니다	자신들이 믿고 싶은 대로 믿어 버려요.
5)	크리스마스 때는	어디에 가다	사람들로 북적북적할 거예요.

연습 2 다음에서 알맞은 어휘를 골라 대화를 완성하십시오.

받다 / 말다　　굽다 / 튀기다　　싸다 / 비싸다　　사용하다 / 안 하다

1) 가: 저녁에 닭으로 요리하려고 하는데 어떻게 해야 맛있을까?
나: 닭은 ______________ 모두 맛있으니까 네가 하고 싶은 대로 해.

2) 가: 몇 번 안 입은 옷인데 벌써 보풀이 생겼지 뭐야. 이거 비싼 건데….
나: 니트 소재의 옷은 ______________ 간에 관리를 잘해야 보풀 없이 입을 수 있어.

3) 가: 이거 며칠 전에 사서 개봉만 하고 사용하지 않았는데 환불 되나요?
나: 손님, 죄송하지만 이미 개봉한 상품은 ______________ 환불이 불가능합니다.

4) 가: 상대방이 상처를 ______________ 악성 댓글을 다는 사람들은 도대체 왜 그러는 걸까요?
나: 자존감이 낮은 사람들이 다른 사람을 공격하면서 자신의 존재감을 확인하고 싶어 하는 것 같아요.

연습 3 〈보기〉와 같이 문장을 완성하십시오.

보기 손님이 있다 / 없다 | 공항 리무진 버스는 정해진 시간에 출발하다

➤ 손님이 있건 없건 공항 리무진 버스는 정해진 시간에 출발해요.

1) 국적이 같다 / 다르다 | ( )

➤

2) 대회에서 입상하다 / 못 하다 | ( )

➤

3) 밤이다 / 낮이다 | ( )

➤

4) ( ) | 유해한 자외선은 항상 존재하니까 선크림을 잘 바르다

➤

5) ( ) | 먼저 웃으면서 인사를 하는 것이 좋다

➤

메모

활동 다음 상황에 맞게 이야기해 봅시다.

친구와 여행 계획 세우기

- 갈 만한 곳
  산, 바다
- 희망 여행지
  경관이 좋은 곳

가: 이번 여름 방학에 특별한 계획 없으면 같이 여행 가자.

나: 안 그래도 여행가고 싶었는데 잘 됐다. 근데 어디로 가지?

가: 날씨가 더우니까 바다에 가서 수영을 해도 좋을 것 같고 시원한 그늘이 있는 산으로 가도 좋을 것 같아. 넌 산이랑 바다 중에서 어디로 가고 싶어?

나: 난 산이건 바다건 상관없으니까 네가 가고 싶은 곳으로 결정해.

가: 그래? 그럼 요즘 강릉 바다가 멋지다고 하니까 거기로 가자.

1 친구의 이상형에 대해 물어보기

이상형

원하는 이상형

2 선배에게 직장 생활에 대해 조언 구하기

고민

조언

4 동사 지 않을까 싶다

4

진행자 대망의 월드컵 결승전이 잠시 후 이곳 경기장에서 펼쳐질 예정입니다. 오늘 경기 결과를 어떻게 예측하십니까?

해설자 글쎄요. 일단 양팀 모두 피파(FIFA) 순위 1, 2위를 다투는 강팀이기 때문에 결과를 예측하기가 상당히 부담스러운데요. 이번 월드컵의 현재까지 성적으로 봤을 때 전승으로 올라온 독일이 좀 더 우세하지 않을까 싶습니다.

어떤 상황에 대해 주관적인 추측이나 의견을 완곡하게 나타낼 때 사용한다. 명사와 결합되는 경우 '명사이/가 아닐까 싶다'의 형태로 자주 쓴다.

- 가: 다음 제품을 개발할 때는 디자인에 주력하는 게 좋지 않을까 싶습니다.
  나: 디자인도 중요하지만 고객 만족도를 높이려면 성능을 보완하는 게 더 시급하다고 생각합니다.
- 가: 어젯밤 10대 남학생이 차를 빌려서 운전하다가 사고를 냈는데 어떻게 면허도 없이 차를 빌릴 수 있었을까요?
  나: 길에서 주운 면허증을 가지고 빌렸다고 하던데 렌터카 업체에서 확인을 제대로 했더라면 사고를 막을 수 있지 않았을까 싶어요.
- 문화를 체험하면서 한국어도 배울 수 있는 프로그램이 더 필요하지 않을까 싶어요.
- 바쁘더라도 시간을 내서 꾸준히 운동하는 것이 제 건강의 비결이 아닐까 싶습니다.
- 어려운 이웃에게 조금이나마 보탬이 되지 않을까 싶어서 수익의 일부를 이웃 돕기 성금으로 내놓게 되었습니다.

연습 1 〈보기〉와 같이 바꾸어 말해 보십시오.

보기 어학연수 경험이 있으면 취업할 때 도움이 될 거야.

➡ 어학연수 경험이 있으면 취업할 때 도움이 되지 않을까 싶어.

1) 올해는 가뭄이 심해서 농작물 피해가 클 것 같습니다.

2) 좋은 정책이기는 하지만 예산이 확보되지 않으면 그 일을 추진하기 어려울 것입니다.

3) SNS에 올라오는 거짓 정보에 속지 않도록 자신만의 주관을 가져야 할 것이다.

4) 조금만 일찍 출발했더라면 제시간에 도착할 수 있었을 텐데.

5) 자신의 일을 즐기는 것이야말로 성공의 지름길인 것 같아요.

연습 2 다음에서 알맞은 표현을 골라 대화를 완성하십시오.

낫다	결과이다	사라지다	보낼 수 있다

1) 가: 이번 학기에 박 교수님의 경영학 수업을 신청해 볼까?

나: 그 교수님은 과제가 많기로 유명하던데. 고생하지 않으려면 다른 수업을 신청하는 게 ________________________________.

2) 가: 4차 산업혁명의 발전으로 인공 지능 로봇이 상용화 된다면 앞으로 어떤 직업이 없어질 거라고 예상하십니까?

나: 아무래도 단순 노동직이나 운송업이 가장 먼저 ________________________________.

3) 가: 이번 주말부터 한강 다리 밑에서 영화를 감상할 수 있는 '한강 영화제'가 시작되죠?

나: 네. '한강 영화제'에 오시면 열대야도 잊고 영화도 보면서 즐거운 시간을 ________________________________.

4) 가: 올해 소비자가 뽑은 최고의 기업으로 선정되었는데 이렇게 많은 사랑을 받은 이유가 뭐라고 생각하십니까?

나: 소비자의 입장에서 생각하며 꾸준히 노력한 ________________________________.

연습 3 〈보기〉와 같이 문장을 완성하십시오.

보기 | 꾸준히 노력하다 보면 | 언젠가는 원하는 것을 얻을 수 있다

→ 꾸준히 노력하다 보면 언젠가는 원하는 것을 얻을 수 있지 않을까 싶습니다.

1) 그 영화는 관람객의 평점이 높으니까 | ______

→ ______

2) 경기 전까지 큰 부상만 당하지 않는다면 | ______

→ ______

3) 남한과 북한의 경제 협력이 이루어진다면 | ______

→ ______

4) 제가 가수로 데뷔하지 않았더라면 | ______

→ ______

5) 사고가 나자마자 119에 신고했더라면 | ______

→ ______

한 가지 더

이 문법은 상대방에게 조심스럽게 조언하거나 자신의 의견을 부드럽게 전달할 때 사용하면 좋습니다.

활동 다음 상황에 맞게 이야기해 봅시다.

◎ 고민하는 친구에게 조언하기

- 친구의 고민
  고급 수업을 신청할지 말지 고민이다
- 내 생각
  말하기 실력을 향상시키고 싶다면 고급 수업을 듣는 게 좋다

가: 무슨 고민 있어?

나: 응. 다음 학기 수업 신청이 다음 주까지래. 그런데 고급 수업을 신청할지 말지 아직 결정 못 했어.

가: 그래? 고급 수업에서는 다양한 주제로 토론을 많이 한대. 네가 한국어 말하기 실력을 향상시키고 싶다면 고급 수업을 듣는 게 좋지 않을까 싶어.

나: 그렇구나. 나는 말하기 실력이 좀 부족하니까 고급 수업을 신청해야겠다.

1 새로 나온 제품에 대한 자신의 생각 말하기

새로 나온 제품 ……………………………………

……………………………………

내 생각 ……………………………………

……………………………………

2 발표 준비를 하면서 조원에게 자신의 의견 말하기

발표 내용 ……………………………………

……………………………………

내 의견 ……………………………………

……………………………………

5 동사 (는/ㄴ)다면서

🎧 5

기자 경희대학교는 오늘 오후 '김복순 장학금' 수여식을 개최했다고 밝혔습니다. 이 장학금은 평생 우동 장사를 하며 모은 전 재산을 경희대에 기부한 김복순 씨의 이름을 따서 조성한 것입니다. 김 씨는 당뇨로 인한 합병증으로 생명이 위독했다가 경희의료원에서 치료를 받고 일상생활을 할 수 있게 되었다고 하는데요. 새 삶을 선물해 준 경희대학교를 위해 쓰고 싶다면서 자신 소유의 빌라와 현금 등 8,800만 원을 기부했습니다.

어떤 말을 하면서 동시에 어떤 행동을 하거나 이어서 다른 말을 할 때 사용한다.

- 가: 김 기자, 정부가 오늘 발표한 부동산 정책의 주요 내용 전해 주시지요.
  나: 네. 정부는 민생을 위해 집값만은 반드시 잡겠다면서 강력한 투기 억제 정책을 예고했습니다.
- 가: 네가 소개해 준 지아 씨가 커피 한잔하자면서 지금 나올 수 있냐고 하는데?
  나: 내가 너 어떠냐고 물었을 땐 별말 없더니 마음에 들었나? 빨리 나가 봐.
- 선생님께서 다음 주 월요일은 대체 휴일이라면서 학교에 오지 말라고 하셨어요.
- 그는 더 이상의 후회가 무슨 의미가 있겠냐며 떠난 사람 그리워하기를 그만뒀다.
- 친구는 안부 좀 자주 전하라면서 정작 본인은 나한테 전화 한 통 하지 않는다.

연습 1 <보기>와 같이 연결하여 말해 보십시오.

보기	**친구**: 요즘 몸이 예전 같지 않다.	무슨 운동이라도 해야겠다고 하더군요.

→ 친구가 요즘 몸이 예전 같지 않다면서 무슨 운동이라도 해야겠다고 하더군요.

1)	**상담원**: 제품에 문제가 있으면 교환할 수 있습니다.	일단 사진을 찍어서 보내 달라고 하네.
2)	**아이**: 뭐 먹을 거 없어요?	집에 오자마자 냉장고를 뒤적거리더라고요.
3)	**부모님**: 이번 방학 때는 꼭 가족 여행을 가자.	어디가 좋을지 물으셨어요.
4)	**주민 대표단**: 안전을 위해 시설 보완 예산을 확충하라.	구청 앞에서 시위를 했어요.
5)	**사장님**: 우리 회사는 IT 업계의 선두주자입니다.	직원들이 자부심을 가지고 일할 수 있는 환경을 만들겠다고 하셨어요.

연습 2 다음에서 알맞은 표현을 골라 대화를 완성하십시오.

급할수록 돌아가라	금강산도 식후경이야
세상에 공짜가 어디 있어?	돌다리도 두들겨 보고 건너야 돼

1) 가: 영어 번역은 잘됐어? 빌리가 도와줬다면서?
   나: 응. 잘됐어. 그런데 내가 감사 인사를 하니까 빌리가 ______________________ 밥 한번 사라고 하더라고.

2) 가: 각자 전시실 둘러 보고 1시에 여기서 다시 모이자. 그런데 장민은 어디 갔어?
   나: 아까 박물관에 도착하자마자 ______________________ 식당 쪽으로 갔어.

3) 가: 어제 취업 특강을 들었는데 강연자가 ______________________ 어떤 회사든 일단 들어가고 보자는 생각을 해서는 안 된대.
   나: 그래? 맞는 말이긴 하지만 요즘처럼 취업이 힘든 상황에서는 그런 생각을 안 하기가 어렵지.

4) 가: 아직도 여행 상품을 결정 못 했어요? 요즘 웬만한 여행사 패키지 상품은 다 믿을 만하대요.
   나: 저도 그렇게 얘기했는데 아내가 ______________________ 더 알아보래요.

연습 3 〈보기〉와 같이 문장을 완성하십시오.

보기

직장 동료: 프린터에 또 종이가 걸렸네.	짜증을 냈어요.

→ 직장 동료가 프린터에 또 종이가 걸렸다면서 짜증을 냈어요.

1) 어머니: 오늘 집에 손님이 올 거야. |

→

2) 초등학교 동창: 이게 얼마 만이야? |

→

3) | 제가 갖고 싶었던 노트북을 선물로 주셨어요.

→

4) | 궁금한 게 있으면 무엇이든지 물어보라고 했다.

→

5) | 불쾌한 표정을 지었다.

→

메모

활동 다음 상황에 맞게 이야기해 봅시다.

결석한 친구에게 공지사항 전달하기

- 선생님
  태권도 수업은 금요일에 신청할 수 있어요
- 덧붙인 말
  선착순이라서 늦으면 들을 수 없어요

가: 오늘 수업에 못 가서 그러는데 혹시 공지사항 있었어?

나: 응. 선생님께서 태권도 수업은 금요일에 신청할 수 있다시면서 선착순이라서 늦으면 들을 수 없다고 하셨어.

가: 이번 학기에는 꼭 태권도 수업을 들으려고 했는데 하마터면 신청을 못할 뻔했네. 고마워.

나: 지난 학기에 태권도를 배워 보니까 정말 재미있더라. 꼭 신청해 봐.

1 일기예보의 태풍 소식 전달하기

내일 날씨

기상 캐스터의 당부

2 영화 관람 제안하기

관객들의 평가

관객들의 추천

6 동작동사 는/ㄴ다는 것이

6

장민 예전 집보다 넓고 깨끗하네. 좋은 집을 구해서 정말 잘됐다.

나츠미 네가 알려준 부동산 어플 덕분에 쉽게 구했어. 자, 커피 한잔 마셔.

장민 고마워. 어? 그런데 커피 맛이 좀 이상한 거 같아.

나츠미 커피가 왜? 앗, 내가 설탕을 넣는다는 것이 그만 소금을 넣고 말았네. 미안.

어떤 일이나 행동의 의도를 말할 때 사용한다. 후행절에는 원래 의도와 다른 결과가 온다.

- 가: 오늘 시험인데 공부 많이 했어?
  나: 아니. 공부하다가 졸려서 눈을 좀 붙인다는 게 일어나 보니까 아침이더라고.
- 가: 이번 의료 체계 개편에 대해서 박 교수님께서는 어떻게 생각하십니까?
  나: 제가 봤을 때 응급 의료 체계를 개선한다는 것이 오히려 상황을 더 복잡하게 만든 것 같습니다.
- 주행 연습 중에 브레이크를 밟는다는 것이 실수로 가속 페달을 밟아서 사고가 날 뻔했다.
- 도와드린다는 것이 오히려 폐가 된 것은 아닌지 모르겠습니다.
- 집에 오는 길에 마트에 잠깐 들른다는 게 깜빡하고 그냥 들어왔네.

연습 1 〈보기〉와 같이 연결하여 말해 보십시오.

보기 진열 상품을 살짝 만져 보기만 하다 / 그만 떨어뜨려 버렸어요.

➔ 진열 상품을 살짝 만져 보기만 한다는 것이 그만 떨어뜨려 버렸어요.

1)	준비한 선물을 가지고 오다	깜빡하고 말았네요.
2)	오늘은 그냥 구경만 하다	또 충동구매를 하고 말았어.
3)	인천행 지하철로 갈아타다	실수로 의정부행을 탔어요.
4)	세수하면서 잠깐 반지를 빼 놓다	세면대 위에 두고 그냥 나왔어요.
5)	엘리베이터에 타려는 사람을 위해 열림 버튼을 누르다	닫힘 버튼을 누른 적이 있습니다.

연습 2 다음에서 알맞은 표현을 골라 대화를 완성하십시오.

알람을 맞추다	드라마를 보다	친구한테 보내다	오천 원을 내다

1) 가: 여기 거스름돈 46,000원 받으세요.
   나: 아, 제가 ______________________ 오만 원짜리를 드렸네요.

2) 가: 수업에는 지각 한 번 안 하더니 어쩌다 현지학습 가는 날 늦었어?
   나: 평소보다 일찍 오려고 오전 일곱 시로 ______________________ 오후 일곱 시로 설정했더라고.

3) 가: 어제 우리 부장님 험담하는 메시지를 ______________________ 그만 부장님한테 보내 버렸어.
   나: 뭐? 어쩐지 걱정이 가득해 보이더라니. 조심 좀 하지.

4) 가: 오늘 새로 시작하는 ______________________ 잊어버렸네. 내가 좋아하는 배우가 나오는 건데.
   나: 그래? 얼마 안 지났으니까 얼른 채널 돌려 봐.

연습 3 〈보기〉와 같이 문장을 완성하십시오.

보기 | 오늘은 좀 색다른 메뉴를 주문해 보다 | 무심코 늘 먹던 것을 시켰다.

➡ 오늘은 좀 색다른 메뉴를 주문해 본다는 것이 무심코 늘 먹던 것을 시켰다.

1) 선생님이라고 부르다 |

➡

2) 친구에게 부탁을 하다 |

➡

3) | 그만 깜빡하고 나와 버렸어요.

➡

4) | 오히려 분위기를 어색하게 만들어 버렸다.

➡

5) | 본의 아니게 실수를 했네요. 죄송합니다.

➡

한 가지 더

이 문법은 자신이 처음 의도했던 것을 상대방에게 구체적으로 전달할 수 있으므로 의도하지 않은 실수에 대해 사과하거나 해명할 때 사용할 수 있습니다.

활동 다음 상황에 맞게 이야기해 봅시다.

언어 또는 문화 차이로 실수한 경험 말하기

- 처음의 의도
  사과를 하다
- 의도치 않은 행동
  감사하다고 말해 버렸다

가: 처음 한국에 왔을 때 지금 생각해도 얼굴이 화끈거리는 실수를 한 적이 있어.

나: 무슨 실수를 했는데?

가: 지하철에서 다른 사람의 발을 밟아서 사과를 한다는 것이 나도 모르게 "감사합니다."라고 말해 버렸어.

나: 하하. 진짜 부끄러웠겠다. 난 지난번에 선생님께 인사드린다는 것이 무심코 손을 흔든 적이 있어. 한국에서는 어른에게 손을 흔들며 인사하는 것은 실례라는 걸 깜박했거든.

1 운동하다가 몸살 난 이유 설명하기

처음의 의도 ....

....

의도와 다른 행동 ....

....

2 교수님께 보고서 제출 기한 연장 요청하기

처음의 의도 ....

....

의도치 않게 발생한 일 ....

....

7 동사 (는/ㄴ)다더니

7

레아 루카스, 너 오늘 영화 보러 간다더니 왜 여기 있어?

루카스 우리 반 친구가 그 영화 재미없다고 해서 안 갔어.

레아 그래? 출연진도 화려하고 제작비도 많이 들었다고 해서 재미있을 줄 알았는데.

루카스 소문난 잔치에 먹을 것 없다더니 정말 그 말이 맞나 봐.

들어서 알고 있는 내용을 언급할 때 사용한다. 후행절에는 주로 앞의 내용과 같거나 다른 사실을 언급한다.

- 가: 흐엉, 이리 와서 잡채 좀 먹어 봐. 이반이 만든 거래.
  나: 이반이 잡채를 직접 만들었다고? 요리를 좋아한다더니 정말 그런가 보네.
- 가: 에밀리 씨, 고향에 돌아간다더니 아직 한국에 있었네요.
  나: 네. 계획을 바꾸었어요. 한국에서 공부를 더 할까 해서요.
- 담당자가 알아보고 전화해 준다며 기다리라더니 이틀이 지나도록 연락이 없네요.

속담이나 격언 등 잘 알려진 표현을 언급할 때 사용한다. 후행절에는 주로 그것이 맞음을 확인하는 내용이 온다.

- 가: 지아야, 나 내일 면접 보러 갈 때 이렇게 입고 갈 건데 어때?
  나: 잘 어울린다. 옷이 날개라더니 그렇게 차려입으니 인물이 훤하네.
- 열 길 물속은 알아도 한 길 사람 속은 모른다더니 그 사람이 그런 생각을 하고 있을 줄은 몰랐습니다.

연습 1 〈보기〉와 같이 연결하여 말해 보십시오.

보기	"저희 카페는 일회용품을 안 씁니다."	정말 매장에 플라스틱 컵이나 종이컵이 보이지 않았어요.

→ 그 카페는 일회용품을 안 쓴다더니 정말 매장에 플라스틱 컵이나 종이컵이 보이지 않았어요.

1)	"친구들은 다 가고 나 혼자 있어."	한나도 같이 있었네.
2)	"사람 마음도 날씨의 영향을 받는다."	계속 비가 내리니까 괜히 우울해지는 것 같아요.
3)	"사과가 세 개에 오천 원!"	마감 시간이 가까워지니까 다섯 개에 오천 원이래.
4)	"연패를 한 대표팀 감독을 바꾸십시오."	바로 다음 경기에서 큰 점수 차로 승리하자 아무도 그 이야기를 꺼내지 않았어요.
5)	"엄마는 옛날에 공부를 아주 잘했어."	알고 보니 수학을 50점 받은 적도 있더라고요.

연습 2 다음에서 알맞은 표현을 골라 대화를 완성하십시오.

살기 좋다	시험이 끝나다	모임에 못 오다	낚시가 처음이다

1) 가: 흐엉, 아파서 오늘 ____________________ 왔네. 괜찮아진 거야?
   나: 응. 약 먹고 쉬었더니 괜찮아졌어. 너희들이 보고 싶기도 하고.

2) 가: 에밀리는 아무 때나 괜찮으니까 우리더러 편한 시간으로 약속을 잡으래.
   나: 제일 바쁜 애가 웬일이야? ____________________ 정말 여유가 있나 보네.

3) 가: 낚시는 재미없는 거라고 생각했는데 해 보니 재미있네. 아까 큰 물고기가 올라올 때는 정말 기분이 좋더라.
   나: 재미있었다니 다행이다. 그나저나 너는 ____________________ 잘하더라.

4) 가: 방학 동안 여행 다녀왔다면서? 어땠어?
   나: 그 나라가 물가도 싸고 ____________________ 괜한 소리가 아니었어. 정말이지 거기서 계속 살고 싶더라고.

연습 3 〈보기〉와 같이 문장을 완성하십시오.

보기	네가 용돈이 바닥났다고 했다.	무슨 돈으로 새 옷을 샀어?

➡ 용돈이 바닥났다더니 무슨 돈으로 새 옷을 샀어?

1) 친구가 전에는 같이 배낭여행을 가자고 했다. |

➡

2) 이 도시가 세계적으로 유명한 친환경 생태도시라고 한다. |

➡

3) 네가 지난주에 나더러 머리를 왜 그렇게 짧게 잘랐냐고 했다. |

➡

4) | 지난주에 결국 그만두었다고 하네요.

➡

5) | 막상 가니까 별로 반가워하지 않는 것 같았어요.

➡

활동 다음 속담을 활용해 이야기해 봅시다.

설마가 사람 잡는다

- 의미
  어떤 일이 일어나지 않을 것이라고 마음을 놓고 있다가 문제가 생긴다
- 상황
  기말고사를 준비하느라 열심히 공부했는데 공부하지 않은 부분에서 문제가 많이 나와서 시험을 망쳤다

가: 기말고사 잘 봤어?

나: 아니. 중간고사 때보다 성적이 더 떨어질 것 같아.

가: 시험기간 내내 도서관에서 살다시피 하면서 열심히 공부했잖아.

나: 학기 초에 배운 부분은 공부를 별로 안 했거든. 너무 앞부분이라 설마 거기에서 많이 나올까 싶었지. 설마가 사람 잡는다더니 결국 거기에서 문제가 많이 나왔어.

1 등잔 밑이 어둡다

의미 ______________________________

____

상황 ______________________________

____

2 갈수록 태산이다

의미 ______________________________

____

상황 ______________________________

____

8 동사 (으)ㄹ지도 모르다

8

이 선생님 이번 학기 문화 체험 프로그램 일정이 확정되었나요?

김 선생님 태권도하고 단소는 확실한데 나머지 프로그램은 신청을 받아 보고 결정해야 할 것 같아요.

이 선생님 바리스타 체험도 개설될까요?

김 선생님 글쎄요. 신청자가 몇 명 없어서 이번에는 폐강될지도 몰라요.

어떤 상황에 대해 주관적으로 추측할 때 사용한다.

- 가: 비가 그쳤으니까 우산은 두고 가도 되겠지?
  나: 장마철이니까 갑자기 비가 올지도 몰라. 가져가는 게 좋을 거야.
- 가: 냉장고가 없을 때 살았던 사람들은 불편하지 않았을까?
  나: 불편했겠지. 하지만 오래 보관하지 않은 신선한 음식을 더 많이 먹었을 테니 건강에는 더 좋았을지도 몰라.
- 노령의 이산가족들에게는 이번 상봉의 순간이 헤어진 가족과의 마지막 만남일지도 모른다.
- 민기 씨는 공연 순서가 변경된 것을 모르고 있을지도 모르니까 누가 연락을 해 주면 좋겠어요.
- 1인 가구 수의 증가가 지금 추세로 지속되면 향후 10년 안에 1인용 전자제품 시장이 대세가 될지도 모릅니다.

연습 1 〈보기〉와 같이 바꾸어 말해 보십시오.

보기 이번 주말에 태풍 예고가 있으니까 야외 공연이 취소되다

→ 이번 주말에 태풍 예고가 있으니까 야외 공연이 취소될지도 몰라요.

1) 회사의 신규 채용 경쟁률이 높아서 다음 기회에 도전해야 하다

2) 출퇴근 시간에는 도로가 혼잡해서 대중 교통을 이용하는 것이 더 낫다

3) 암에 대한 임상실험 결과가 좋지 않아서 시판 계획 일정을 연기해야 되다

4) 요즘 단축 근무 기간이니 지금은 중앙도서관 문이 닫혔다

5) 우유가 한동안 냉장고 구석에만 있어서 상했다

연습 2 다음에서 알맞은 표현을 골라 대화를 완성하십시오.

마치지 못하다	무슬림이 있다	쓰러져 잠들다	연락이 늦어지다

1) 가: 많이 피곤해 보여요. 일이 많았나 봐요.
   나: 저희 부서 업무가 대폭 늘어서 힘드네요. 오늘은 집에 가면 ______________________.

2) 가: 이 뷔페 식당에는 할랄 음식 코너도 있네요.
   나: 네. 외국인 손님 중에 ______________________ 코너를 준비했대요.

3) 가: 출장지에 도착하면 연락 주세요.
   나: 도착하자마자 급한 업무를 처리해야 돼서 ______________________ 양해해 주세요.

4) 가: 발표는 잘 끝났나요?
   나: 네. 덕분에 잘 끝냈어요. 미나 씨의 도움이 없었다면 무사히 ______________________.

연습 3 〈보기〉와 같이 문장을 완성하십시오.

보기 중간고사가 쉬운 편이었으니까 / 기말고사는 어렵다

→ 중간고사가 쉬운 편이었으니까 기말고사는 어려울지도 몰라요.

1) 두 시간 전에 출발했다고 하니까 / ______

→

2) 실패를 만회하려고 열심히 노력했으니까 / ______

→

3) 사춘기 때 선생님의 도움이 없었다면 / ______

→

4) ______ / 객실을 두 개 정도 더 여유 있게 예약하다

→

5) ______ / 이번에도 연락 없이 갑자기 나타나다

→

메모

활동 다음 상황에 맞게 이야기해 봅시다.

○ 친구의 집들이 선물 고르기

- 추측
  친구가 이미 토스터기를 가지고 있음
- 대안
  전화해서 물어 봄

가: 요즘 집들이 선물로 어떤 게 인기가 있는지 미리 인터넷으로 검색해 봤는데 제일 선호하는 게 소형 가전이래.

나: 음…. 그럼 이 토스터기는 어떨까? 디자인도 예쁘고 가격도 부담 없는 편인데.

가: 친구가 토스터기는 이미 가지고 있을지도 몰라. 너도 알다시피 그 친구가 빵을 좋아하잖아.

나: 그러면 전화해서 물어 보는 게 낫겠다.

1 30년 후 달라질 대학의 모습 추측하기

추측 ....

....

근거 ....

....

2 친구의 미래에 대해 추측하기

추측 ....

....

근거 ....

....

9 동사 (으)면서도

9

여자　우리 저 귀신의 집 한 번만 더 가면 안 될까?

남자　뭐? 아까는 너무 무서워서 오늘 잠도 못 잘 것 같다고 했잖아.

여자　그렇기는 한데 무서우면서도 재미있더라고. 막 소리를 지르고 나니까 스트레스도 풀리는 것 같고.

남자　알겠어. 이번에는 너무 크게 소리 지르지 마. 귀신보다 네 비명이 더 무서워.

서로 어울리기 어려운 두 상태나 행위를 연결하여 말할 때 사용한다. 선행절의 내용으로 예상할 수 있는 결과가 일반적인 경우와 다를 때도 쓴다.

- 가: 체력이 대단하시네요. 매일 늦게까지 일하시면서도 운동은 절대 안 빠지시는 걸 보면.
  나: 운동을 해서 체력이 좋아진 거죠. 처음 운동 시작할 때는 얼마나 힘들었는데요.
- 가: 더이상은 힘들어서 못 하겠다. 나 먼저 갈게. 내일 시험 잘 봐.
  나: 도서관에 온 지 두 시간도 안 됐는데 벌써 집에 가려고? 지난번 시험을 그렇게 망쳤으면서도 걱정이 안 돼?
- 산악인 엄영석은 몇 번이나 죽을 고비를 넘기면서도 히말라야 완등을 포기하지 않았다.
- 대나무는 가벼우면서도 단단한 성질 때문에 다양한 물건의 재료로 사용된다.
- 그는 유명한 배우이면서도 평소 소박하게 생활하는 것으로 알려져 있다.

연습 1 〈보기〉와 같이 연결하여 말해 보십시오.

보기	
이 코트는 가볍다	따뜻해서 인기가 많아요.

→ 이 코트는 가벼우면서도 따뜻해서 인기가 많아요.

1)	이 집 떡볶이는 아주 맵다	중독성 있는 맛 때문에 검색어 1위에 올랐어요.
2)	인간은 외로움을 두려워하다	타인으로부터 자유로워지기를 원하는 이중성을 지니고 있다.
3)	아이가 고른 물건이 마음에 들지 않았는지 엄마는 지갑을 열다	표정이 영 좋지 않았다.
4)	그 친구는 고기를 3인분이나 먹었다	후식으로 냉면까지 한 그릇 비우더라고요.
5)	업체는 제품에 문제가 있음을 인정했다	아직까지 보상 방안을 내놓지 않고 있습니다.

연습 2 다음에서 알맞은 표현을 골라 대화를 완성하십시오.

엄격하다	잘못하다	거절 당하다	비슷한 것 같다

1) 가: 난 이번에 우리 부장님 다시 봤어. 이번 실수에 대해서 많이 혼내실 줄 알았는데 오히려 따뜻하게 격려해 주시더라고.
   나: 일에 대해서는 ______________ 한편으로는 정이 많은 분이시지.

2) 가: 중국이나 일본 친구들은 한국어 공부하기 편하겠다. 사용하는 단어 중에 비슷한 게 많다면서?
   나: 에이, 누가 그래? ______________ 쓰임이 다른 게 얼마나 많은데. 오히려 그런 생각 때문에 잘못 사용하기도 해.

3) 가: 민호가 지희를 정말 좋아하기는 하나 봐. 벌써 두 번이나 ______________ 어제 또 고백했대.
   나: 정말? 이번에는 잘 됐으면 좋겠다.

4) 가: 출근길에 사고가 났다면서요? 안 다쳤어요?
   나: 네. 가벼운 접촉 사고라서 괜찮았어요. 그런데 상대 운전자가 분명히 자기가 ______________ 사과 한마디 없이 보험사에 전화만 하고 있어서 정말 화가 났어요.

연습 3 〈보기〉와 같이 문장을 완성하십시오.

보기	그는 사건의 진실을 알다	두려움 때문에 모르는 척하다

➡ 그는 사건의 진실을 알면서도 두려움 때문에 모르는 척했다.

1) | 이 건물은 임대료가 싸다 | |

➡

2) | 그는 주식 투자로 큰 손해를 보다 | |

➡

3) | 그녀는 직업이 요리사이다 | |

➡

4) | | 밤늦게까지 일만 하는 걸 보면 측은한 생각이 들다 |

➡

5) | | 정작 자신을 위해서는 돈을 잘 쓰지 않다 |

➡

메모

활동 다음 상황에 맞게 이야기해 봅시다.

◎ 물건을 사러 온 손님에게 제품을 추천하기

• 노트북 추천 이유

가벼워서 휴대성이 좋다

가격도 비싸지 않다

가: 어서 오세요. 특별히 찾으시는 거 있으세요?

나: 지금 사용하는 노트북이 오래돼서 새로 사려고 하는데 좀 가벼웠으면 좋겠어요.

가: 그럼 이거 어떠세요? 휴대성이 좋으면서도 가격이 비싸지 않아서 요즘 인기가 많아요.

나: 그런데 화면이 좀 작네요. 이것보다는 약간 크면서도 가벼우면 좋을 텐데.

1 자주 가는 식당 소개하기

식당의 특징

2 친구가 고쳐야 할 점에 대해 충고하기

친구가 고쳐야 할 점

10 동사 (으)ㅁ

10

사회자 이번 탐사 결과 댐 건설로 인해 녹조가 발생했음이 밝혀졌는데요. 이것이 시사하는 것은 무엇일까요?

대담자 녹조 현상은 지나친 개발의 결과임이 증명된 셈입니다.

사회자 네, 선생님 말씀을 듣고 보니 지나친 개발은 제한하는 것이 좋을 것 같습니다.

문장의 서술어를 명사처럼 바꾸어 쓸 때 사용한다. 메모, 회의록, 경고문, 사전 등에서 문장을 간단히 끝낼 때 쓴다.

- 휴대폰 수리를 맡기고 영화 봄.
- 11월 14일(목) 참석자 15명 – 다음 주 워크숍에서 거래처 소개가 있을 예정임.
- 이곳에 쓰레기를 버리면 구청에 고발하겠음.
- 희망: 〈명사〉 앞일에 대하여 기대를 가지고 바람.

문장을 주어나 목적어 등 문장 성분으로 쓰기 위해 문장의 서술어를 명사처럼 바꿀 때 사용한다.

- 가: 이 기자, 이번 실험의 의의를 정리해 주시겠어요?
  나: 이번 실험의 성공을 통해서 인간의 숙원이던 암의 정복이 멀지 않았음이 증명되었습니다.
- 이번 프로젝트를 마무리한 걸 보면 김 대리는 책임감이 강한 사람임이 분명합니다.
- 작곡가 이나래 씨는 신곡에 실연의 상처와 극복 과정을 담았음을 고백했다.
- 통증은 우리 몸에 무슨 문제가 있음을 알리는 신호이다.

연습 1 〈보기〉와 같이 연결하여 말해 보십시오.

보기 | 안전 진단 팀: 새로 지은 아파트 내진 설계에 문제가 있다 | 알렸습니다.

➔ 안전 진단 팀은 새로 지은 아파트 내진 설계에 문제가 있음을 알렸습니다.

1)	국내 총생산(GDP) 증가는 경기 활성화에 긍정적 영향을 미치다	틀림없습니다.
2)	회사 기밀 유출은 내부자의 소행이다	분명해 보인다.
3)	진실이 밝혀지기 전까지는 그 사람 말이 거짓이었다	몰랐다.
4)	교육부 장관: 외국인 유학생을 위한 특별 지원 정책이 필요하다	주장했다.
5)	찬드라 씨: 달력을 보다가 동생의 생일이 지났다	발견했다.

연습 2 다음에서 알맞은 표현을 골라 문장을 완성하십시오.

근거가 부족하다 기술을 전수받다 진상을 은폐하다 관심을 가지고 있다

1) 이번 한국 음식 축제는 많은 외국인들이 방문하여 성황리에 끝났다. 이번 축제를 통해 외국인들이 한식에 큰 ______________ 확인되었다.

2) 지도 교수는 학생의 논문에 대해 기존과 다른 관점이 참신하다고 평가했다. 그러나 논문에 자신의 주장을 뒷받침하는 ______________ 지적했다.

3) 기업으로부터 뇌물을 받은 정치인이 수사 기관에 압력을 행사하여 ______________ 밝혀져 파장이 일고 있다.

4) 금속 공예가는 취재 기자에게 작품을 소개하면서 지금의 실력을 갖추기까지 오랜 기간 많은 스승들로부터 ______________ 강조했다.

연습 3 〈보기〉와 같이 문장을 완성하십시오.

보기	공항에서는	태풍의 영향으로 비행기가 연착되었다	안내했다.

→ 공항에서는 태풍의 영향으로 비행기가 연착되었음을 안내했다.

1) | 정우는 시험 성적표를 받고 | | 느꼈다. |

→

2) | 아이돌 가수 태호는 기자 회견을 통해 | | 알렸다. |

→

3) | 이번 실험을 통해 | | 밝혀졌다. |

→

4) 〈사전〉 탑승:

→

5) 〈경고문〉

→

메모

활동 다음 상황에 맞게 써 봅시다.

자신의 인생 그래프를 그리고 중요한 사건을 메모하기

- 6세 유치원에서 행복하고 즐겁게 놀았다
- 12세 사춘기 때 부모님과 갈등을 겪었다
- 18세 한국에 유학 와서 신나게 지내고 있다

- 6세: 유치원에서 행복하고 즐겁게 놂.
- 12세: 사춘기 때 부모님과 갈등을 겪음.
- 18세: 한국에 유학 와서 신나게 지내고 있음.

1 작년에 있었던 자신에게 중요한 사건을 메모하기

2 '한복의 역사'에 대한 다음 설명을 보고 내용을 메모하기

한복의 역사

한복의 모양은 시대에 따라 다양하게 변화되어 왔다. 여성 한복의 기본 구성은 저고리와 치마인데 삼국시대에는 저고리가 길어서 무릎 밑까지 내려왔고 허리띠가 있었다.

고려시대에는 여자의 저고리가 짧아지고 소매도 짧아졌다. 그리고 허리띠 대신 고름을 달게 되었다. 조선시대 이후 저고리 길이가 더 짧아지기 시작해서 오늘날 한복의 모습과 비슷한 형태로 변하게 되었다. 즉, 오늘날 한복의 모양은 조선시대에 정착된 것이라 할 수 있다.

11 동사 (는/ㄴ)다던데

11

남자　요즘 밖을 걸어 다니기 힘들 정도로 무더위가 심한 것 같아요.

여자　맞아요. 저는 열대야 때문에 잠을 못 자서 그런지 요즘 계속 피곤하고 기력도 없더라고요.

남자　정말 힘들겠네요. 내일도 폭염이 계속된다던데 오늘 저녁에 삼계탕 먹으러 가는 건 어때요?

여자　좋아요. 삼계탕 먹고 원기 회복 좀 해야겠어요.

들은 내용을 회상하며 그 내용이 후행절의 배경이나 상황이 됨을 언급할 때 사용한다.

- 가: 외국인을 대상으로 취업 캠프 참가자를 모집한다던데 우리 지원해 볼래요?
  나: 안 그래도 요즘 취업 때문에 걱정이었는데 반가운 소식이네요. 어떻게 지원하면 돼요?
- 가: 친구들이 너랑 연락이 안 된다고 무슨 일 있냐던데 애들한테 연락 좀 해라.
  나: 미안해. 요즘 바빠서 연락할 정신이 없었어.
- 가: 준서가 주말에 미술관에 가자던데 너도 시간 되면 같이 가자.
  나: 주말에? 난 다른 약속이 있어서 안 될 것 같아.
- 겨울에 태어나면 추위에 강하다던데 저는 겨울에 태어났는데도 추위를 잘 타요.
- 미세 플라스틱이 해양 오염의 주범이라던데 우리도 일회용품 사용 줄이기에 동참합시다.

연습 1 〈보기〉와 같이 연결하여 말해 보십시오.

보기	"여수 바다는 해가 지면 경치가 더 멋져."	다음에는 저녁에 와 보자.

➔ 여수 바다는 해가 지면 경치가 더 멋지다던데 다음에는 저녁에 와 보자.

1)	"서울전자에서 새로운 휴대폰을 출시합니다."	언제쯤 나오는지 궁금합니다.
2)	"종이는 크기에 상관없이 아홉 번 이상 못 접는다."	사실일까요?
3)	"학교 앞에 커피숍이 새로 생겼어."	수업 끝나고 같이 가 보자.
4)	"요즘 독감이 유행입니다."	평소에 손을 자주 씻고 외출할 때는 마스크를 착용하세요.
5)	"비자 연장 신청서는 국제교육원 행정실에서 받으세요."	여기에서 받는 게 맞나요?

연습 2 다음에서 알맞은 표현을 골라 대화를 완성하십시오.

창업을 하다	내일까지 제출하다	발 디딜 틈도 없다	혈액 순환이 잘되다

1) 가: 요즘 손발이 차서 고민인데 이럴 땐 뭘 하면 좋을까요?
   나: 반신욕을 하면 ________________ 한번 해 보세요.

2) 가: 어제 익선동에 갔다 왔다면서? 요즘 거기에 사람이 많지?
   나: 주말에는 ________________ 우리는 평일에 가서 그런지 한가하더라고.

3) 가: 선생님께서 쓰기 과제를 ________________ 시간 내에 잘 쓸 수 있을지 모르겠어요.
   나: 시간이 부족하면 글의 완성도가 떨어질 수도 있으니까 선생님께 과제 제출 기한을 늦춰 달라고 말씀드려 보세요.

4) 가: 친구가 같이 ________________ 할지 말지 고민이 되네요.
   나: 동업하다가 돈 때문에 친구 사이가 멀어진 경우를 많이 봤어요. 신중하게 생각해서 결정해야 할 것 같아요.

연습 3 〈보기〉와 같이 문장을 완성하십시오.

보기 "오늘로 예정되어 있던 회의가 다음 주로 연기됐습니다." | 연락을 받다

오늘로 예정되어 있던 회의가 다음 주로 연기됐다던데 연락을 받으셨지요?

1) "스킨스쿠버는 몇 시간만 배우면 초보자도 쉽게 즐길 수 있습니다." |

2) "음료는 무인 기기에서 주문하세요." |

3) "이번 주 토요일에 만나서 발표 준비를 같이 합시다." |

4) | 퇴근 후에 가다

5) | 한번 먹어 보고 싶다

메모

활동 다음 상황에 맞게 이야기해 봅시다.

친구 고향에 대해 알고 있는 정보 확인하기

- 내가 알고 있는 정보
  경주에 수직으로 낙하하는 놀이 기구가 있다
- 친구의 대답
  경주월드에 90도로 낙하하는 롤러코스터가 있다

가: 경주에 수직으로 낙하하는 놀이 기구가 있다던데 사실이야?

나: 응. 경주월드라는 놀이공원에 90도로 낙하하는 롤러코스터가 있어.

가: 와, 경주에는 문화 유적지만 있는 줄 알았는데 그게 아니었구나.
나 무서운 놀이 기구 타는 거 좋아하는데 한번 가서 타 보고 싶다.

나: 진짜? 그런데 이 롤러코스터는 전 세계에서 손꼽힐 정도로 무서운 놀이 기구라던데 탈 수 있겠어?

1 특정 음식을 자주 먹는 친구에게 조언하기

친구가 자주 먹는 음식

걱정되는 것

2 뉴스 보고 친구와 이야기하기

뉴스의 내용

나의 의견

12 동작동사 기

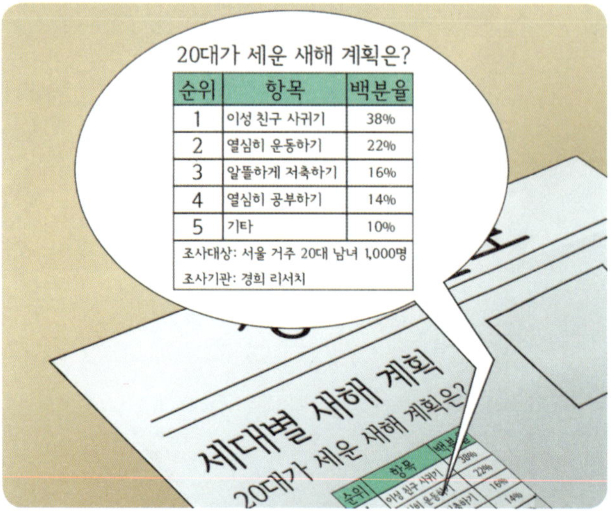

12

장민　나츠미, 이거 한번 봐. 20대가 세운 새해 계획 1위가 이성 친구 사귀기래.

나츠미　그래? 다들 연애하고 싶은 마음이 굴뚝같은가 봐. 너는 어때?

장민　나도 뭐 크게 다르지 않지. 하지만 좋은 사람 만나기가 어디 쉽냐?

나츠미　그래도 눈 크게 뜨고 찾아 봐. 주위에 숨은 보석이 있을지도 모르잖아.

문장의 서술어를 명사처럼 바꾸어 쓸 때 사용한다. 결심이나 계획을 메모하거나 규칙을 제시할 때, 속담의 일부에 쓴다.

- 오늘 할 일을 내일로 미루지 않기.
- 기숙사 내에 비치된 물품은 소중히 다루고 사용한 물건은 제자리에 정리하기.
- 땅 짚고 헤엄치기.

문장을 명사처럼 바꾸어 '쉽다, 어렵다, 싫다, 힘들다' 등의 주어, '좋아하다, 바라다, 멈추다, 포기하다' 등의 목적어, '좋다, 적당하다' 등의 부사어로 쓸 때 사용한다.

- 가: 한국에 처음 왔을 때 뭐가 제일 힘들었어?
  나: 처음엔 한국말을 전혀 몰라서 음식 주문하기도 어려웠어. 며칠 동안 김밥만 먹은 적도 있었는걸.
- 이 밀가루는 글루텐 함량이 높아 부드러운 식감의 빵을 만들기에 적합하지 않다.
- 노사 양측은 국회의원 선거를 치르는 10월 이전에 협상이 끝나기를 원하는 것으로 알려졌다.
- 여성들이 경력 단절로 그간 쌓아 온 모든 것을 잃게 될지도 모른다는 두려움 때문에 아이 낳기를 포기하는 경우를 종종 볼 수 있다.

연습 1 〈보기〉와 같이 연결하여 말해 보십시오.

보기	여러분 모두가 언제나 건강하고 행복하게 지내다	소망합니다.

➡ 여러분 모두가 언제나 건강하고 행복하게 지내시기를 소망합니다.

1)	대부분의 부모들은 아이들이 책을 가까이 하다	원하지요.
2)	새 학기가 되면 학교 앞 식당들이 활기를 띠다	시작합니다.
3)	이 아파트 단지 중앙에는 넓은 잔디 광장이 있어 산책을 즐기다	좋아요.
4)	갈색 선글라스는 시야를 넓고 선명하게 해 주므로 운전자들이 사용하다	적당하다.
5)	당분간 비 내리는 날이 많을 것으로 예상되니 기상 정보를 꼼꼼히 확인하다	바랍니다.

연습 2 다음에서 알맞은 어휘를 골라 대화를 완성하십시오.

느끼다	아끼다	언급하다	움직이다

1) 수분을 지나치게 섭취하면 혈액이 잘 순환되지 않아 피곤함과 나른함을 ____________ 쉽다.

2) 정부가 담뱃값 인상을 발표하자 용돈을 ____________ 위해서라도 담배를 끊겠다는 사람들이 늘고 있다.

3) 정부 당국자는 기자들의 질문에 대해 ____________ 곤란한 사안이라며 대답을 피했다.

4) '삼복더위에는 입술에 묻은 밥알조차 무겁다'는 속담이 있다. 이는 더위 때문에 몸을 ____________ 힘들어 밥알 하나의 무게조차 부담스럽게 느껴진다는 뜻이다.

연습 3 〈보기〉와 같이 알맞은 규칙을 쓰십시오.

보기		
	도서관	도서관 내에 음식물 반입하지 않기.

전산실

1) 이용이 끝난 자리는 다음 이용자를 위해 ______________________

2) 함께 사용하는 컴퓨터이므로 ______________________

3) ______________________

수영장

4) 수영장에 들어가기 전에 ______________________

5) 바닥이 미끄러우므로 ______________________

6) ______________________

메모

활동 〈보기〉와 같이 '꼭 해 보고 싶은 일'의 목록을 작성해 봅시다.

보기

01 혼자 세계 여행 다녀오기.
02 반려동물 키우기.
03 운전면허 따기.
04 멋진 남자 친구 사귀기.
05 TV 출연하기.
06 요리 학원 다니기.
07 번지점프 하기.
08 어린이들을 위해 기부하기.
09 자서전 쓰기.
10 좋은 곳에 나만의 집 짓기.

꼭 해 보고 싶은 일

01 ______________________

02 ______________________

03 ______________________

04 ______________________

05 ______________________

06 ______________________

07 ______________________

08 ______________________

09 ______________________

10 ______________________

13 동사 (으)ㄴ/는 반면(에)

13

팀장　우리 제품의 해외 판매를 맡길 회사는 어디지요?

직원 1　최종 후보로 거론된 회사는 한국전자와 서울전자입니다.

팀장　두 회사에 대해 정리한 자료를 보고해 주세요.

직원 2　네. 한국전자와 서울전자 모두 책임감 있는 일 처리로 유명합니다. 그런데 한국전자는 설립된 지 오래되어 국내외 마케팅 경험이 많은 반면에 서울전자는 신생 기업이라는 점이 다릅니다.

선행절과 후행절의 내용이 반대되는 사실임을 나타낼 때 사용한다. 문장을 연결할 때는 '반면(에)'를 사용한다.

- 가: 이번에 개봉한 영화는 소설 원작을 각색해서 만들었다고 하더라고요.
  나: 네. 원작은 인물의 세계관을 주로 그린 반면에 영화는 인물 관계를 묘사하는 데 힘썼대요. 소설과 영화가 어떻게 다른지 한번 보고 싶네요.
- 가: 칭찬의 효과에 대한 관심이 높아지고 있는데 혹시 부정적인 면은 없을까요?
  나: 칭찬은 사람을 움직이게 하는 최고의 힘이라고 하지요. 반면에 과도한 칭찬은 자만심을 불러일으킬 수 있으니 무조건 많이 하는 것보다 상황에 맞게 하는 게 중요합니다.
- 지구 온난화로 인해 여름이 길어지는 반면 봄과 가을은 짧아지고 있어 생태계에 큰 변화가 올 것으로 예측됩니다.
- 학교 다닐 때 저는 음악에 소질이 있었던 반면에 미술에는 재능은커녕 관심도 없었어요.
- 이번 정상 회담은 화기애애한 분위기 속에서 진행되었습니다. 반면에 실무진 회의에서는 자국의 이익을 위한 신경전이 계속되어 결과에 관심이 쏠리고 있습니다.

연습 1 〈보기〉와 같이 연결하여 말해 보십시오.

보기	자유 여행은 일정을 마음대로 계획할 수 있다	패키지여행은 정해진 일정에 따라 움직여야 한다.

➔ 자유 여행은 일정을 마음대로 계획할 수 있는 반면에 패키지여행은 정해진 일정에 따라 움직여야 한다.

1)	적당한 운동은 건강에 도움이 되다	지나친 운동은 건강에 독이 될 수도 있어요.
2)	소극적 자유는 '할 수 있는 것을 하는 것'을 의미하다	적극적 자유는 '하고 싶은 것을 하는 것'을 의미합니다.
3)	북극 지방의 평균 기온은 영하 35℃ 정도이다	적도 지방의 평균 기온은 영상 35℃에 달한다.
4)	플라스틱은 생활에 편리를 가져왔다	함부로 버려지면서 환경 파괴의 주요인이 되고 있다.
5)	줄임말은 그것을 사용하는 사람들의 결속력을 높여 주다	그 의미를 알지 못하는 사람들과의 소통에는 방해가 된다.

연습 2 다음에서 알맞은 어휘를 골라 문장을 완성하십시오.

번거롭다	사용되다	선호하다	유용하다

1) 기존 제품은 건전지를 교체해야 해서 ______________ 신제품은 충전식이어서 사용이 편리하고 유지비가 적게 든대요.

2) 인터넷은 생활에 필요한 정보를 손쉽게 찾을 수 있다는 점에서 ______________ 검증되지 않은 정보가 많기 때문에 주의해야 합니다.

3) 색채 심리에 대한 연구 결과를 보면 감성적인 사람들은 붉은 계통의 색을 ______________ 이성적인 사람들은 푸른 계통의 색을 좋아한다고 한다.

4) 한국에서는 전기 제품에 220V의 전압이 ______________ 그렇지 않은 나라도 있기 때문에 해외여행을 갈 때는 그 나라의 표준 전압을 확인해야 합니다.

연습 3 〈보기〉와 같이 문장을 완성하십시오.

보기	의학 기술의 발전으로 수명은 연장되다	노인 삶의 질은 별로 나아지지 않았다.

→ 의학 기술의 발전으로 수명은 연장된 반면에 노인 삶의 질은 별로 나아지지 않았다.

1) 아랍어는 오른쪽에서 왼쪽으로 글을 쓰다 |

→

2) 동물은 소리나 몸짓을 이용해 의사소통하다 |

→

3) 단 음식은 기분을 좋아지게 하다 |

→

4) | 남의 일은 거들떠보지도 않는 것 같아요.

→

5) | 햇빛에 과도하게 노출되면 화상을 입거나 피부가 노화될 수 있어 주의해야 합니다.

→

메모

활동 다음 주제에 대해 이야기해 봅시다.

경쟁의 필요성

- 긍정적인 측면
  동기 부여에 도움이 됨
- 부정적인 측면
  지나친 경쟁은 불필요한 마찰을 야기할 수 있음

가: 과연 경쟁은 필요한 것일까요?

나: 저는 경쟁이 필요하다고 생각합니다. 경쟁은 동기 부여에 도움이 되기 때문입니다.

다: 저는 그 의견에 반대합니다. 남에게 이기려는 마음에서 나온 동기는 진정한 동기가 아니라고 생각합니다. 게다가 지나친 경쟁은 불필요한 마찰을 야기할 수도 있습니다.

가: 경쟁은 동기 부여에 도움이 되는 반면에 지나칠 경우 불필요한 마찰을 야기할 수 있다는 두 분의 말씀 잘 들었습니다.

1 과학 기술의 양면성

긍정적인 영향

부정적인 영향

2 복권이 미치는 영향

긍정적인 영향

부정적인 영향

14 상대 높임 1 하오체

14

친구 1　이보시오. 또 글을 읽고 있소?

친구 2　그렇소. 나는 하루도 책을 읽지 않으면 마음이 불편하여 잠을 못 자오. 어제도 오더니 오늘은 또 무슨 일이오?

친구 1　이리 따분하게 책만 붙들고 있으니 내가 또 오지 않았겠소. 밖에 친구들이 기다리고 있으니 같이 놀러 나갑시다.

친구 2　고맙구려. 하지만 나는 책을 친구 삼아 시간을 보내려 하오. 잘들 놀고 오시오.

나이나 지위가 비슷한 상대방을 존중하여 말할 때 사용한다. 예스러운 표현이며 지금은 표지판이나 안내문에 '-(으)시오' 형태로 남아 있다.

- 가: 아니, 이게 누구요? 정말 오랜만이오.
  나: 허허, 그러게 말이오. 그동안 잘 지냈소?
- 가: 이보시오. 짐이 무거워 보이는데 어디까지 가시오? 같이 들어 줄까 하는데…….
  나: 갈 길이 좀 머니 그렇게 해 주겠소? 정말 고맙구려.
- 요즘 어떻게 지내는지 궁금하오. 나는 학문에 정진하며 마음 수양에 전념하고 있소.
- 오늘 모임은 이만 끝내기로 합시다.
- 전시된 작품에 손대지 마시오.

연습 1 〈보기〉와 같이 바꾸어 말해 보십시오.

보기 요즘 힘든 일이 생겼다고 들었는데 잘 이겨내길 바란다.

→ 요즘 힘든 일이 생겼다고 들었는데 잘 이겨내길 바라오.

1) 내가 알려 준 시간과 장소를 꼭 기억해야 한다.

2) 물이 깊어야 큰 배를 띄울 수 있습니다.

3) 마음을 진정하고 무슨 일이 있었던 건지 천천히 이야기해 주겠니?

4) 선생님을 뵙지 못한 지도 오래됐으니 우리 같이 인사드리러 가자.

5) 다음 질문을 읽고 알맞은 답을 고르십시오.

연습 2 다음에서 알맞은 표현을 골라 대화를 완성하십시오.

알다	흡족하다	마음 트고 지내다	도맡아 그린다고 하다

1) 가: 얼마 전 보내 준 선물에서 그 세심한 마음을 느꼈소. 정말 고맙소.

나: 그 말을 들으니 내 마음도 ______________________.

2) 가: 초행길이라 그러는데 간단히 요기 좀 할 수 있는 곳이 어딘지 ______________________?

나: 저기 큰 나무에서 오른쪽으로 가면 바로 주막이 보일 것이오.

3) 가: 이렇게 만난 것도 인연인데 우리 벗이 되어 서로 ______________________.

나: 좋소. 앞으로 좋은 일이든 나쁜 일이든 같이 나눕시다.

4) 가: 요즘 김홍도*라는 이름 석 자가 그렇게 유명하다던데 정말이오?

나: 그렇다오. 재주가 뛰어나 궁중의 중요한 그림은 ______________________.

* 김홍도(1745~1806?): 조선 시대 화가

연습 3 다음 편지를 읽고 하오체로 바꾸십시오.

나의 스승과도 같은 아내에게

내가 한 가지라도 잘하는 것이 있으면 그대는 크게 기뻐하며 나를 1)__________(격려하였다). 또한 내가 한 가지라도 잘못하는 것이 있으면 조용히 걱정하며 그냥 2)__________(지나치지 않았다). 그대가 나를 바른 자리에 서게 하고 존경 받는 사람으로 만들고자 애쓴 것을 나는 잘 3)__________(안다). 비록 내가 어리석어 다 실천하지는 못했지만 그대의 좋은 말과 바른 충고는 죽을 때까지 가슴에 4)__________(새길 것이다). 나는 마치 엄한 스승을 대하듯이 그대를 대했고 다정한 남편이 되고자 마음을 5)__________(다했다). 그대는 6)__________(알고 있을까?)? 매번 그대와 마주할 때마다 내 마음이 설레임으로 가득 찼다는 것을. 우리 서로를 아끼며 평생을 같이 7)__________(하자).

(조선 후기 유학자 윤광연이 아내에게 보낸 편지 중에서)

한 가지 더

하오체는 현대 구어에서는 잘 쓰이지 않습니다. 예스러운 말투를 사용하는 시대극에서 주로 접할 수 있습니다.

활동 다음 상황에 맞게 이야기해 봅시다.

오랜만에 만난 친구와 인사 나누기

- 상황

길에서 유학 가게 된 친구와 우연히 만남

가: 오랜만이오. 그동안 잘 지냈소?

나: 별고 없이 평안했소. 한동안 모임에 나오지 않아서 얼굴 보기 힘들었는데 무슨 일이 있었소?

가: 유학 준비를 하느라 그동안 꽤 바빴소. 떠나기 전에 이렇게 만나니 더없이 좋구려. 유학 가면 좀 외로울 것 같으니 가끔 편지나 보내 주시오.

나: 그리 하겠소. 더 넓은 세상에 나가 공부 한다니 참으로 부럽구려.

1 친구의 좋은 일 축하해 주기

축하할 일

2 편지의 처음 부분 쓰기

안부 인사

15 동사 지 않고서는

15

장민　책을 좀 대출하고 싶은데요.
이 도서관은 처음인데 어떻게 하면 되나요?

사서　먼저 도서관 홈페이지에서 회원 가입을 하셔야 합니다.

장민　가입만 하면 지금 대출이 가능한가요?

사서　아니요, 우선 여기 있는 컴퓨터로 가입을 하시면 저희가 확인 후 회원증을 발급해 드립니다.
회원증을 만들지 않고서는 대출이 불가능하거든요.

선행절의 상황이 후행절의 필수 조건임을 나타낼 때 사용한다. 후행절에는 주로 '-(으)ㄹ 수 없다', '-기 어렵다', '-지 못하다', '불가능하다' 등의 표현이 사용된다. 명사가 결합되는 경우 '명사 이/가 아니고서는'의 형태로 쓴다.

- 가: 그 팀이 오래 준비해 온 프로젝트가 공모전 최종 심사에서 떨어졌다면서요? 모두들 실망이 크겠어요.

  나: 그러게요. 직접 경험해 보지 않고서는 그 마음을 알기 어렵겠지요.
- 가: 2박 3일 여행에 옷을 이렇게 많이 가져가려고? 가방이 웬만큼 크지 않고서는 다 들어가지도 않겠다.

  나: 그런가? 내가 여행 가방을 싸 봤어야지.
- 에펠 탑에 가 보지 않고서는 파리에 다녀왔다고 할 수 없다는 말이 있다.
- 현재의 소비적인 삶의 방식을 바꾸지 않고서는 환경 파괴를 막기 어려울 것이다.
- 작가가 아니고서는 그런 기상천외한 상상력을 발휘하기 어려울 것이다.

연습 1 〈보기〉와 같이 연결하여 말해 보십시오.

보기	어머니는 근검절약이 몸에 배셔서 웬만큼 덥다	에어컨을 켜지 않으신다.

➜ 어머니는 근검절약이 몸에 배셔서 웬만큼 덥지 않고서는 에어컨을 켜지 않으신다.

1)	직접 만나서 이야기해 보다	그 사람이 어떤 사람인지 알 수 없지요.
2)	힘들더라도 부당한 권력과 싸우다	정의를 실현하기 어렵습니다.
3)	토론을 할 때는 논리적인 근거를 제시하다	상대방을 설득할 수 없어요.
4)	서랍에 중요한 서류를 넣어 둬서 열쇠를 찾다	오늘 밤 편히 잠들기 힘들 것 같아.
5)	나는 말수가 적어서 어지간히 가까운 사이이다	먼저 내 이야기를 꺼내지 않는 편이야.

연습 2 다음에서 알맞은 표현을 골라 대화를 완성하십시오.

공을 들이다	직접 해 보다	웬만큼 아프다	사명감을 갖다

1) 가: 영미 씨가 오늘 아파서 못 나온다네요. 조금 전에 연락 왔어요.
   나: 그래요? ______________________ 티도 안 내는 사람인데.

2) 가: 편의점에서 일하는 게 그렇게 힘들 줄 몰랐는데 요즘 일하고 집에 오면 녹초가 되네.
   나: 그렇지. 무슨 일이든 ______________________ 잘 모르는 거니까.

3) 가: 이번에 퇴직한다는 그 소방관 말이에요. 30년이 넘도록 근속했다니까 위험한 경우가 수도 없이 많았겠지요?
   나: 저도 얼마 전에 뉴스에서 봤어요. 정말 ______________________ 쉽게 할 수 있는 일이 아닌 것 같아요.

4) 가: 지난달에 난 산불로 축구장 50배 면적의 나무가 타 버렸는데요. 이만한 숲을 다시 조성하려면 얼마나 걸리겠습니까?
   나: 백 년 이상은 걸릴 것으로 예상됩니다. 그 정도로 ______________________ 숲과 생태계를 복원하기는 어렵습니다.

연습 3 〈보기〉와 같이 문장을 완성하십시오.

보기

기초를 제대로 다지다	튼튼한 건물을 지을 수 없다

➔ 기초를 제대로 다지지 않고서는 튼튼한 건물을 지을 수 없습니다.

1) | 컴퓨터를 당장 수리하다 | |

➔

2) | 웬만한 실력이다 | |

➔

3) | | 목숨을 구할 수 없다 |

➔

4) | | 단체 경기에서 승리하기가 힘들다 |

➔

5) | | 복권에 당첨되는 것이 불가능하다 |

➔

한 가지 더

이 문법은 '-아/어야'에 비해 어조가 강한 느낌을 주기 때문에 어떤 목적을 이루기 위해 반드시 필요한 조건을 강조할 때 사용하면 좋습니다.

활동 다음 상황에 맞게 이야기해 봅시다.

시험 공부에 매달려 있는 친구에게 충고하기

- 상황
  친구가 밤새워 공부하겠다고 말함
- 충고
  잠을 자야 실력을 발휘할 수 있음

가: 12시가 다 돼 가는데 커피를 또 마셔? 안 잘 거야?

나: 응. 내일 시험이잖아. 밤새도록 공부하려고. 이번 학기엔 꼭 장학금을 받을 거야.

가: 지금도 눈이 빨갛고 좀 정신없어 보이는데 괜찮겠어? 잠을 적당히 자지 않고서는 평소에 하던 만큼의 실력도 발휘할 수가 없어.

나: 아니야. 한 번쯤 밤새워 시험공부를 해 보는 것도 나쁘지 않은 것 같아. 걱정 말고 먼저 자.

1 학부 진학에 도전하는 외국인 학생에게 조언하기

상황

조언

2 어떤 여행지에서 필수적으로 할 일 말하기

장소

할 일

16 동작동사 (으)ㄹ 것

16

기자 스마트폰이 대중화되면서 앱을 많이 사용하게 되었는데요. 주의할 점이 있을까요?

보안전문가 의심스러운 앱은 절대 다운로드하지 마시고 정기적으로 바이러스 검사를 하실 것을 당부드립니다.

기자 아무 앱이나 함부로 설치하지 말 것. 이 말씀이시죠?

보안전문가 그렇습니다. 스마트폰을 안전하게 사용하기 위해 꼭 지켜주시기 바랍니다.

문장의 서술어를 명사처럼 바꾸어 어떤 일을 지시하며 끝낼 때 사용한다.

- 반찬은 먹을 만큼만 담을 것.
- 해외여행 시 해열제나 소화제 등의 간단한 비상약을 챙길 것.
- 보행 중에는 사고의 위험이 있으므로 이어폰 사용을 자제할 것.

문장의 서술어를 명사처럼 바꾸어 '당부하다, 권하다, 요청하다' 등의 목적어로 쓸 때 사용한다.

- 가: 오늘 모임에는 모두 참석하신 건가요? 시간이 다 돼 가는데 빈자리가 보이네요.
  나: 한 사람도 빠짐없이 참석해 줄 것을 부탁드렸는데 아직 몇 분이 오지 않으셨습니다.
- 사원들이 회사 대표에게 주당 근무 시간을 52시간에 맞춰 줄 것을 요청했다.
- 부모님의 강요가 아니라 자기가 정말 원하는 꿈을 목표로 할 것을 권합니다.
- 정부는 태풍으로 인한 농작물 피해가 없도록 철저하게 관리할 것을 지방자치단체에 당부했다.

연습 1 〈보기〉와 같이 바꾸어 써 보십시오.

보기 열 시까지 사무실로 오세요. → 열 시까지 사무실로 올 것.

1) 재활용 쓰레기는 분리해서 버리세요. →

2) 이 약은 식후 30분에 복용하세요. →

3) 인터넷 비밀번호는 수시로 변경하세요. →

4) 버스에 음료수를 들고 타지 마세요. →

5) 다 읽은 책은 제자리에 갖다 놓으세요. →

연습 2 그림을 보고 문장을 완성하십시오.

1) 

화재나 지진 발생 시 ____________________.

2) 

반려견을 데리고 산책할 때는 꼭 ____________________.

3) 

사용하지 않는 전기 플러그는 ____________________.

4) 

지하철 출입문에 ____________________.

5) 

음식물 쓰레기 안에 뼈나 딱딱한 껍질을 ____________________.

연습 3 〈보기〉와 같이 문장을 완성하십시오.

보기 | 내일까지 일을 못 끝낼 것 같아서 | 기간을 연장해 줄 것을 요청하다

➡ 내일까지 일을 못 끝낼 것 같아서 기간을 연장해 줄 것을 요청했다.

1) 안전사고가 발생할 수 있으니

➡ ______

2) 야외 활동 시 자외선에 노출되지 않도록 | ______

➡ ______

3) 신문 기사에 잘못된 내용이 있어서 | ______

➡ ______

4) 단체 여행이므로 | ______

➡ ______

5) 기내에서 다른 승객에게 피해를 끼칠 수 있으므로 | ______

➡ ______

메모

활동 다음 상황에 맞게 목록을 작성해 봅시다.

◎ 현지 학습 시 주의 사항

- 출발 전

  멀미약은 출발 30분 전에 먹음

  출발 10분 전까지 탑승함

- 출발 후

  이동 중에는 안전벨트를 착용함

  소지품은 분실하지 않도록 꼼꼼히 확인함

주의 사항

- ☑ 멀미약은 출발 30분 전에 미리 먹을 것.
- ☑ 출발 10분 전까지 탑승할 것.
- ☑ 이동 중에는 안전벨트를 착용할 것.
- ☑ 소지품은 분실하지 않도록 꼼꼼히 확인할 것.

1 엘리베이터 이용 시 주의 사항

타고 내릴 때 ....

엘리베이터 안에서 ....

2 자기소개서 작성 방법

내용 ....

형식 ....

17 명사 은/는

17

해설자 이 그림은 조선시대 화가 장한종이 그린 〈책가도〉입니다. 책가도는 책장을 그린 그림인데요. 초기에는 주로 책과 문구류 등 공부에 관련된 물품을 그렸으나 나중에는 거북이나 사슴, 소나무 등 동식물을 그려 넣기도 했습니다.

어떤 대상이 화제임을 나타낼 때 사용한다. 앞에서 이미 언급한 대상을 다시 설명할 때에도 쓴다.

- 가: 세계 각국의 동물 보호법은 어떻게 정리하지?
  나: 각자 한 나라씩 맡아서 정리한 다음에 파일을 모아 보자.
- 경훈 씨는 책이나 잡지에 들어갈 그림을 그리는 삽화가입니다.
- 국토교통부가 '에너지제로 주택' 건설을 확대하기로 했다. '에너지제로 주택'은 필요한 전기와 열을 자체 생산하고 에너지 손실을 최소화하도록 설계된 주택이다.

어떤 대상이 다른 것과 대조되거나 구별됨을 나타낼 때 사용한다.

- 북어는 명태를 완전히 건조하여 만든 것이고 코다리는 명태를 반건조하여 만든 것이다.
- '경험'은 삶의 현장에서 어떤 일을 직접 해 보는 것인 반면 '체험'은 현실과 비슷한 상황을 잠시 겪어 보는 것이다.

어떤 대상이 안은문장의 주어임을 나타낼 때 사용한다. 안긴문장의 주어에는 '명사 이/가'를 쓴다.

- 나는 루카스가 얼마나 세심하게 친구들을 배려하는지 잘 알고 있다.
- 제가 오늘 말씀드리고 싶은 것은 지금의 저를 만든 세 가지 습관입니다.

연습 1 〈보기〉와 같이 연결하여 말해 보십시오.

보기 | 이 책 | 외국인이 꼭 알아야 하는 한국 예절에 관해 설명하고 있다.

➡ 이 책은 외국인이 꼭 알아야 하는 한국 예절에 관해 설명하고 있다.

1) 언니 | 밥도 왼손으로 먹고 가위질도 왼손으로 해요.

2) 모든 먹거리 | 제철에 먹어야 그 맛을 온전히 느낄 수 있습니다.

3) 온돌 | 열기가 방바닥 아래를 지나가게 하여 방을 덥히는 난방 장치이다.

4) 화가 이중섭의 엽서화 | 그가 사랑하는 여인에게 보낸 일종의 연애편지였다고 합니다.

5) 잘 가꾸어진 도심 속 공원 | 삭막한 도시에서 살아가는 사람들에게 잠시나마 위로가 되는 공간입니다.

연습 2 다음에서 알맞은 표현을 골라 대화를 완성하십시오.

남자 / 그 시간 / 이번 축제 / 대도시의 월세

1) 세계 여러 도시에서 주택 임대료가 치솟고 있다. 특히 ________________ 해마다 큰 폭으로 오르고 있다.

2) 저는 초급 1부터 고급 2까지 경희대학교에서 1년 반을 보냈습니다. ________________ 제 인생에 잊을 수 없는 추억으로 남을 것입니다.

3) 갑자기 '덜컥' 하는 소리가 들리더니 젊은 남자가 강당 문을 열고 들어왔다. ________________ 곧장 피아노 앞으로 다가가 처음 듣는 곡을 연주하기 시작했다.

4) 대학로에서 서울 연극 축제가 열린다. ________________ 9월 1일부터 15일까지 보름간 진행되며 2만 원짜리 자유 관람권을 구입하면 연극 세 편을 골라 볼 수 있다.

연습 3 구별되거나 대조되는 대상을 연결한 후 아래 문장을 완성하십시오.

도시 •	• 영화배우
연극배우 •	• 우리 대학
많은 대학 •	• 산골 마을
뭉툭한 젓가락 •	• 뾰족한 젓가락

1) 대중교통이 잘 갖춰진 도시와 달리 이 지역 ______________ 당일에 들어갔다가 나올 교통편이 없습니다.

2) 연극배우는 관객을 앞에 두고 연기를 하지만 ______________ 카메라와 스태프에 둘러싸여 연기를 하지요.

3) 많은 대학이 취업을 위한 강좌를 늘리던 시기에 ______________ 교양 강좌를 대폭 늘리는 실험적인 시도를 했다.

4) 뭉툭한 젓가락은 두툼한 육류를 집기에 적당하고 ______________ 가느다란 생선 가시를 발라내기에 좋습니다.

연습 4 빈칸에 '은/는'과 '이/가' 중 알맞은 것을 넣으십시오.

1) 사람______ 혀로 느낄 수 있는 맛______ 단맛, 짠맛, 신맛, 쓴맛, 매운맛 다섯 가지이다.

2) 그 정치인______ 모든 국민______ 악기 하나쯤 연주할 줄 아는 나라를 만들겠다고 했습니다.

3) 중국 고대 철학자 장자______ 자신______ 나비가 된 것인지 나비______ 자신이 된 것인지 알 수 없다는 말을 했다.

4) 이 만화______ 오랫동안 사랑받은 이유______ '찰리 브라운'이라는 아이와 애견 '스누피'의 시선으로 일상을 유쾌하게 그렸기 때문입니다.

5) 이 영화에서 가장 인상적인 부분______ 평생 배 안에서만 살아온 주인공______ 육지로 내려가려다가 포기하고 돌아서는 장면이었어요.

활동 다음 상황에 맞게 소개하는 글을 써 봅시다.

책 발간 소식 전하기

- 책 소개

평론가 김진규의 두 번째 서평집, 《책의 숲에서 길을 찾다》

- 책에 대한 설명

지난 5년간 신문이나 잡지 등에 실었던 서평과 독서 에세이 100여 편을 모아 엮은 것이다

책의 숲에서 찾은 길

평론가 김진규가 두 번째 서평집 《책의 숲에서 길을 찾다》를 냈다. 이 책은 지난 5년간 신문이나 잡지 등에 실었던 서평과 독서 에세이 100여 편을 모아 엮은 것으로, 쏟아지는 신간의 홍수 속에서 저자가 선택한 책의 목록과 기준을 알 수 있다.

1 앨범 발매 소식 전하기

앨범 소개

앨범에 대한 설명

2 새로운 전자 제품 출시 소식 전하기

제품 소개

제품에 대한 설명

18 동사 (는/ㄴ)다니까

18

한나 이반 씨, 제 친구가 댄스 동아리 '춤바람'에서 활동하고 있는데 이번에 특별 공연을 한대요. 같이 가 볼래요?

이반 좋아요. 저도 거기에 가입하고 싶었는데 매번 신청 기간을 놓쳐서 아쉬웠어요.

한나 그래요? 다음 주부터 신입 회원을 모집한다니까 관심 있으면 동아리 방에 한번 가 보세요.

이반 알려 줘서 고마워요. 이번에는 꼭 가입해야겠어요.

어떤 일의 이유나 근거를 말할 때 사용한다. 후행절에는 주로 인용된 내용을 바탕으로 자신의 의견을 제시하거나 그 말을 들은 사람들의 반응을 전하는 내용이 온다.

- 가: 요즘 특별히 재미있는 일도 없고 웃을 일도 없어서 계속 기분이 안 좋아요.
  나: 웃으면 행복 호르몬이 증가해서 기분이 좋아진다니까 억지로라도 크게 웃어 보세요.
- 가: 이번 분기 신제품 기획안을 내야 하는데 우리 부서에서는 어떤 안을 제시하는 게 좋을까요?
  나: 요즘 사람들이 친환경 제품을 많이 찾는다니까 우리도 친환경 관련 제품을 개발하는 것이 어떨까 싶습니다.
- 가: 준비 운동도 다 했으니까 이제 수영장 안에 들어가자.
  나: 그래. 그런데 수영장 물이 생각보다 깊다니까 들어갈 때 조심해야겠어.
- 가: 이번 말하기 대회에서 대상을 받은 사람이 나츠미 씨라니까 다들 놀라워하더라고요.
  나: 나츠미 씨가 내성적인 편이라서 그런 대회에 나갈 거라고는 아무도 예상하지 못했을 테니까요.
- 흐엉이 곤경에 처했다니까 준서가 선뜻 도와주겠다고 나섰다.
- 동생에게 먹고 남은 음식은 냉장고에 넣어 두고 나가라니까 바쁘다면서 그냥 나가 버리더라고.

연습 1 〈보기〉와 같이 연결하여 말해 보십시오.

보기	"손을 자주 움직이면 두뇌 건강에 좋습니다."	무언가를 만드는 취미 활동을 해 보세요.

→ 손을 자주 움직이면 두뇌 건강에 좋다니까 무언가를 만드는 취미 활동을 해 보세요.

1)	"특별 할인 행사 중이라서 인터넷보다 저렴해요."	우리도 필요한 게 있는지 보러 갑시다.
2)	"국립중앙박물관은 평일 오후 6시에 문을 닫습니다."	너무 늦게 가면 안 될 것 같아요.
3)	"새로운 헤어스타일이 잘 어울리네요."	한나 씨가 쑥스러워하더라고요.
4)	"행사 때문에 시내 교통이 일부 통제될 예정입니다."	우회 도로를 이용하는 게 어때요?
5)	"더 이상의 손님은 받지 않겠습니다."	기다리던 사람들이 실망감을 감추지 못했습니다.

연습 2 다음에서 알맞은 표현을 골라 대화를 완성하십시오.

날씨가 맑다	장학금을 받다	피로가 가시다	이해가 안 되다

1) 가: 오늘 배운 문법은 너무 어려운 것 같아. 어떤 상황에서 사용해야 되는지도 잘 모르겠어.
   나: 그래서 나도 쉬는 시간에 선생님을 찾아갔어. 오늘 배운 게 ______________ 자세히 설명해 주시더라.

2) 가: 하루 종일 사무실에 앉아만 있으니까 온몸이 무거운 것 같아요.
   나: 일하다가 중간중간에 스트레칭을 하면 ______________ 타냐 씨도 한번 해 보세요.

3) 가: 장민 씨는 매 학기 반에서 1등을 놓치지 않는다면서요?
   나: 네. 지난 학기에는 전체 1등을 해서 ______________ 반 친구들이 모두 부러워했어요.

4) 가: 나츠미, 오늘 일기예보 확인했어? 날씨가 좀 흐린데 우산을 가져가야 할까?
   나: 지금은 좀 그런데 일기예보에서 오후에는 ______________ 안 가져가도 될 것 같아.

연습 3 〈보기〉와 같이 문장을 완성하십시오.

보기 룸메이트에게 대청소를 하자고 말했다 / 룸메이트가 갑자기 바쁜 일이 생겼다며 외출했다

➔ 룸메이트에게 대청소를 하자니까 갑자기 바쁜 일이 생겼다며 외출하더라고요.

1) 친구들에게 새집으로 이사를 했다고 말했다 / ______

➔ ______

2) 동생에게 지금 일어나지 않으면 개강 첫날부터 지각하겠다고 말했다 / ______

➔ ______

3) 친구에게 지난달에 빌려준 책을 돌려 달라고 말했다 / ______

➔ ______

4) 직장 동료에게 일찍 퇴근하자고 말했다 / ______

➔ ______

5) 친구에게 전화해서 어디쯤 왔냐고 물어봤다 / ______

➔ ______

메모

활동 다음 상황에 맞게 이야기해 봅시다.

친구에게 건강 정보 전달하기

- 들은 정보
  꿀은 위에 보호막을 만들어 준다
- 내 의견
  꿀물은 속쓰림 증상을 완화하는 데 도움이 된다

가: 점심시간인데 밥은 안 먹고 왜 우유만 마셔?

나: 스트레스 때문인지 속이 쓰려서….

가: 속이 쓰릴 때는 우유를 마시면 안 돼. 전에 방송에서 봤는데 당장은 괜찮을지 몰라도 오히려 증상을 더 악화시킨대.

나: 그래? 난 우유를 마시면 괜찮아지길래 속이 쓰릴 때마다 마셨는데….

가: 그럴 때는 물에 꿀을 타서 마셔 봐. 꿀은 위에 보호막을 만들어 준다니까 속쓰림 증상이 완화될 거야.

1 집중을 잘 못하는 친구에게 효과적인 공부 방법 추천하기

들은 방법

내 의견

2 친구에게 맛집 / 관광지 정보 알려주기

들은 방법

내 의견

19 동작동사 지 않을 수 없다

19

동료1 박 선배가 워크숍 준비 도와줘서 고맙다고 오늘 점심 쏜대요.

동료2 그래요? 그렇게 힘든 일도 아니었는데…. 역시 박 선배님은 이런 일을 한 번도 그냥 넘어가는 법이 없네요.

동료1 그러게요. 리더십도 있는 데다 후배들까지 살뜰히 챙기니 선배로서 존경하지 않을 수 없어요.

어떤 이유로 그렇게 하거나 자연스럽게 그렇게 됨을 강조할 때 사용한다.

- 가: 주말에 박물관에 간다더니 신라 때 만들어진 금 귀걸이를 실제로 보니까 어땠어?
  나: 기대 이상이었어. 그 시대 세공 기술이 정교한 걸 보고 감탄하지 않을 수 없더라고.
- 가: 정연 씨, 좀 어때요? 갑작스럽게 입원했다는 이야기를 듣고 놀랐어요.
  나: 본의 아니게 걱정을 끼쳤네요. 무리하다가는 위험해질 수 있다며 당장 입원하라는 의사의 지시를 따르지 않을 수 없었어요.
- 내가 좋아하는 작가의 출간 소식을 듣고 서점을 찾지 않을 수 없었다.
- 개그맨 못지않은 그의 성대모사에 배를 잡고 웃지 않을 수가 없었어요.
- 관심 있는 일에는 몇 시간이고 몰두하는 아이의 집중력에 놀라지 않을 수 없다.
- 계층 간 교육 격차가 사회 불평등으로 이어질 수 있다는 점에서 심각성을 지적하지 않을 수 없습니다.

연습 1 〈보기〉와 같이 바꾸어 말해 보십시오.

보기 면접 대기실에서 자기 차례가 다가오면 당연히 긴장하게 된다.

➔ 면접 대기실에서 자기 차례가 다가오면 긴장하지 않을 수 없다.

1) 마음을 울리는 그의 노랫소리에 누구라도 반하게 될 것이다.

2) 이반은 주문하지 않은 물건을 배송받고 난감해할 뿐이었다.

3) 최 모 씨의 알리바이가 완벽해서 사람들은 그에게 죄가 없다고 굳게 믿었다.

4) 아무리 경영 상태가 좋지 않아도 회사의 미래를 위해 연구 개발비를 늘려야겠다.

5) 형편이 어려운 학생을 남몰래 도와 온 김 선생님의 따뜻한 선행에 저절로 감동하게 된다.

연습 2 다음에서 알맞은 표현을 골라 대화를 완성하십시오.

마음을 다잡다	계획을 보류하다	배신감을 느끼다	한번 들여다보다

1) 가: 벌써 가려고? 오랜만에 만났는데 더 있다 가.
나: 미안해. 동생이 혼자 사는데 아프다고 하니 ______________________.

2) 가: 한 제과 업체가 일반 대형마트에서 파는 제품을 가지고 와서 유기농 제품으로 속여 판매했대요.
나: 저도 사 먹어 본 적이 있는 것 같아요. 먹는 걸 가지고 이렇게 속여 팔다니 정말 ______________
______________________.

3) 가: 희수는 커피숍 낸다더니 왜 여태 소식이 없지?
나: 응. 안 그래도 내가 물어봤는데 인테리어 비용만 5천만 원이 넘게 든다고 해서 ______________
______________________ 하더라고.

4) 가: 선수 생명이 짧다고 알려진 체조 종목에서 세 번째 올림픽 금메달에 도전하게 되셨는데요. 국민들의 기대에 어깨가 무겁지 않으신가요?
나: 물론 부담이 느껴질 때도 있지요. 하지만 여러분의 응원을 생각하면 ______________
______________________.

연습 3 〈보기〉와 같이 문장을 완성하십시오.

보기

상대팀의 실력이 월등해서	우리 팀의 완패를 인정해야 했다.

→ 상대팀의 실력이 월등해서 우리 팀의 완패를 인정하지 않을 수 없었다.

1)	강사의 뛰어난 말솜씨에	
2)	강한 태풍으로 인해 고향으로 돌아가는 비행기가 뜨지 못해서	
3)	눈이 불편한 어머니를 대신해 어린 딸이 살림을 꾸려 온 이야기를 듣고	
4)		우리는 놀랄 뿐이었습니다.
5)		나는 그곳에 다시 가 볼 수밖에 없었다.

메모

활동 다음 상황에 맞게 이야기해 봅시다.

자신의 상황 설명하기

- 친구의 제안
  같이 저녁 먹자
- 거절한 이유
  이미 치킨을 먹어서 배가 부르다

가: 마침 잘 왔다. 혼자 먹기에는 밥을 좀 많이 했거든.

나: 그래? 그런데 어쩌지. 나 지금은 배가 하나도 안 고파.

가: 벌써 저녁 먹은 거야?

나: 아까 친구가 밥을 걸렀다며 치킨을 먹자고 해서 안 먹을 수 없었어.

1 어쩔 수 없이 하게 된 행동 이야기하기

한 일 ______________________

____

이유 ______________________

____

2 자신이 과거에 한 행동 후회하기

후회하는 일 ______________________

____

이유 ______________________

____

20 동사 (는/ㄴ)다기보다(는)

20

진행자 쇼팽의 〈녹턴〉을 함께 들어 봤습니다. 저는 무겁고 웅장한 느낌 때문에 클래식을 좀 멀리했었는데요. 이 음악은 잔잔한 피아노 소리가 마음을 안정시켜 주는 것 같네요.

평론가 네. 쇼팽의 음악은 깊고 무겁다기보다는 시적이고 감성적인 편입니다. 그래서 광고 음악에도 자주 쓰이고 대중들에게도 인기가 많은 편이죠.

어떤 상황에 대해 선행절에 언급된 내용보다 후행절에 오는 내용이 더 적절하다는 것을 나타낼 때 사용한다. 대화 상황에서는 상대방의 생각이나 의견에 가볍게 반박하면서 자신의 생각을 표현할 때 주로 쓴다.

- 가: 대중교통 서비스의 질을 높이기 위해 기본요금을 당장 인상해야 된다는 말씀이십니까?
  나: 당장 요금을 인상해야 된다기보다는 서비스 개선을 위해 요금 인상 방안도 검토해 볼 필요가 있다는 것입니다.
- 가: 김민수 교수님의 특강 신청이 벌써 마감됐대요. 이번에는 꼭 들어 보고 싶었는데 아쉽네요.
  나: 전 지난 특강을 들어 봤는데 강의라기보다는 재미있는 이야기 같았어요. 어려운 내용도 쉽게 설명해 주셔서 좋더라고요.
- 가: 지난 대회의 아픔을 딛고 4년 만에 금메달 따신 걸 축하드립니다. 전보다 기량이 좋아지신 것 같던데요.
  나: 감사합니다. 저 혼자 잘했다기보다는 저를 믿고 응원해 주신 국민들 덕분에 얻은 결과라고 생각합니다.
- 가: 이 옷이 마음에 든다면서 왜 망설이는 거야? 가격 때문에 부담스러워서 그래?
  나: 아니. 가격이 비싸서라기보다 평소에 내가 입던 스타일이 아니라서 사는 게 망설여져.
- 내가 새로운 것에 도전을 하지 않는 건 변화가 두렵다기보다 안정적인 삶을 더 선호하기 때문이다.

연습 1 〈보기〉와 같이 연결하여 말해 보십시오.

보기

그 사람은 생각이 너무 많다	신중하게 결정을 내리려는 것 같습니다.

→ 그 사람은 생각이 너무 많다기보다는 신중하게 결정을 내리려는 것 같습니다.

1)	완벽한 해결책을 원하다	저희의 의견을 최대한 반영해 주셨으면 합니다.
2)	아이가 한 말을 못 믿다	정확한 내용을 한 번 더 확인하고 싶어서 여쭤보는 거예요.
3)	문제 자체가 어렵다	시간이 부족해서 끝까지 풀지 못했어요.
4)	김세아 선수의 실력은 타고난 재능이다	남들보다 수천 배 이상 노력한 결과라고 할 수 있다.
5)	제 실력이 뛰어나서이다	팀원들의 협력 덕분에 잘 마무리된 것 같습니다.

연습 2 다음에서 알맞은 표현을 골라 대화를 완성하십시오.

긴장되다	동료이다	돈을 바라다	기억력이 좋다

1) 가: 금전적인 손해는 저희 쪽에서 책임지고 보상하겠습니다.
나: 저는 ________________ 진정한 사과를 원할 뿐이에요.

2) 가: 유정 씨는 어떻게 그 많은 회의 내용을 다 기억하고 정확하게 일을 처리할 수 있어요?
나: 제가 ________________ 메모하는 습관이 있어서 그걸 보고 하는 거예요.

3) 가: 대학교 면접시험이 코앞으로 다가와서 많이 떨리지?
나: ________________ 그동안 열심히 준비한 걸 다 보여 주지 못할까 봐 걱정이 돼.

4) 가: 그 회사에서 근무하신 지 벌써 20년이 넘으셨다면서요? 직원들과 사이가 정말 좋으시겠어요.
나: 네. 오랫동안 같이 일하다 보니 ________________ 가족 같은 느낌이 들 때가 많아요.

연습 3 〈보기〉와 같이 대화를 완성하십시오.

보기 이제 한국 드라마를 보면서 자막을 읽지 않아도 내용을 다 이해하나 보네요.

배우들의 말을 다 이해하다 | 대강의 상황을 파악하는 정도이다

➔ 배우들의 말을 다 이해한다기보다는 대강의 상황을 파악하는 정도예요.

1) 문화가 전혀 다른 외국에서 생활하는 게 쉽지는 않지?

문화가 달라서 힘들다 | ______

➔ ______

2) 이번 프로젝트를 성공시키면 회사 내에서 김 대리에 대한 평가가 달라질 테니 최선을 다해 보세요.

나는 좋은 평가를 받고 싶다 | ______

➔ ______

3) 식사를 적게 하시는 걸 보니 준비된 음식이 입에 안 맞으시나 봐요.

______ | 요즘 건강을 위해 소식하다

➔ ______

4) 새로운 비자로 변경하려면 절차가 꽤 복잡하다면서요?

______ | 준비해야 할 서류가 많아서 번거롭다

➔ ______

5) 저희 두 사람이 갑작스럽게 결혼한다고 해서 많이 놀라셨죠?

______ | 두 사람이 사귀는 줄도 모르고 있어서 놀라다

➔ ______

활동 다음 상황에 맞게 이야기해 봅시다.

고기를 안 먹는 친구와 대화하기

- 내 생각
  친구는 고기를 싫어하는 것 같다
- 친구의 상황
  고기를 먹으면 소화가 안 된다

가: 밥 먹을 때마다 고기 반찬에는 손도 안 대는 걸 보니 고기를 싫어하는구나.

나: 싫어서 안 먹는다기보다는 내 체질이랑 잘 안 맞는 것 같아.

가: 고기를 먹으면 어디가 안 좋아져?

나: 고기를 먹고 나면 소화도 잘 안 되고 피부도 나빠지더라고.

1 반려동물을 키우는 친구와 대화하기

내 생각

친구의 마음

2 연기 대상을 받은 배우 인터뷰하기

내 생각

배우의 생각

21 동작동사 느니

21

준서 아, 배고파. 밥 먹으러 가자.

흐엉 난 먹었어. 바로 앞에 식당 있던데 뭐라도 사 먹고 오지 그래?

준서 싫어. 넌 밥 먹고 왔다며. 식당에 혼자 가느니 차라리 저녁 시간 될 때까지 기다릴래.

흐엉 나라면 가서 먹고 오겠다. 내가 같이 가 줘?

선행절의 상황이나 행위보다 후행절에 오는 상황이나 행위가 더 낫다는 것을 나타낼 때 사용한다. 뒤의 상황도 썩 만족스럽지는 않지만 앞의 내용을 선택하기 싫음을 강조하기 위해 사용하는 경우도 있다. 뒤에는 '차라리, 아예' 등의 부사가 자주 쓰인다.

- 가: 고장 난 부품을 새것으로 갈아 넣으려면 8만 원이나 든다고요?
  나: 네. 제품을 꽤 오래 사용하신 것 같은데 수리를 맡기느니 아예 새로 구입하시는 게 어떨까 합니다.
- 가: 휴가철이라 그런 건가? 항공권 가격이 너무 올랐네.
  나: 그러게. 비행기표를 이렇게 비싸게 사느니 가는 데 오래 걸리더라도 배를 타겠다.
- 이렇게 스트레스를 받으며 직장에 다니느니 차라리 그만두는 게 낫지.
- 방 안에 가만히 앉아만 있느니 밖에 나가 가벼운 운동이라도 해야겠어요.
- 그 사람하고 한 팀으로 과제를 하느니 힘들더라도 그냥 혼자 하는 게 나을 것 같아.

연습 1 〈보기〉와 같이 연결하여 말해 보십시오.

보기 모르면서 아는 척 대답하다 / 그냥 모른다고 솔직하게 말하는 게 낫겠어.

➡ 모르면서 아는 척 대답하느니 그냥 모른다고 솔직하게 말하는 게 낫겠어.

1)	수수료를 내고 돈을 찾다	동생에게 잠깐 빌려야겠다.
2)	시험 전날 밤새우며 고생하다	귀찮더라도 매일 복습해 두는 게 좋아.
3)	내 말을 이해하지 못하는 사람들과 이야기하다	차라리 입을 다물고 있겠어요.
4)	마음이 맞지 않는 친구와 함께 살다	돈이 더 들더라도 혼자 살겠다.
5)	공연히 기대에 부풀었다가 실망하다	마음을 비우는 게 낫겠어요.

연습 2 다음에서 알맞은 표현을 골라 대화를 완성하십시오.

거짓말을 하다	나중에 후회하다	장사를 계속하다	마음에 안 드는 옷을 입다

1) 가: 시험을 안 봤다고 하면 혼날까 봐 사실대로 말씀을 못 드리겠어. 어떡하면 좋을까?
   나: 혼날 게 무서워서 부모님께 ________________ 모든 걸 솔직하게 말씀드리는 편이 낫지.

2) 가: 인터넷 쇼핑몰에서 옷을 주문했는데 막상 입어 보니 나한테 안 어울리네.
   나: 그래? ________________ 돈이 조금 들더라도 반품하는 게 어때?

3) 가: 그 사람한테 내 마음을 고백하기는커녕 얼굴을 똑바로 쳐다보지도 못하겠어.
   나: 고백도 못 해 보고 ________________ 퇴짜를 맞더라도 말해 보는 편이 낫지 않을까?

4) 가: 손님이 줄기 시작한 지 벌써 몇 달 됐어요. 가게를 시작하는 데 목돈이 들어서 장사를 그만두기도 쉽지가 않아요.
   나: 손해를 보면서 ________________ 차라리 가게를 팔고 새로운 일을 시작하는 게 낫지 않겠어요?

연습 3 〈보기〉와 같이 문장을 완성하십시오.

보기	쓰지 않는 물건을 창고에 쌓아 두다	중고 시장에 파는 게 낫다

→ 쓰지 않는 물건을 창고에 쌓아 두느니 중고 시장에 파는 게 낫지요.

1) 그의 소식을 무작정 기다리다 / ____________

→

2) 몇 번 쓰지도 않을 물건을 사다 / ____________

→

3) 쓸데없는 오해를 일으킬 댓글을 달다 / ____________

→

4) ____________ / 좀 기다리더라도 다음 공연을 예매하는 편이 낫다

→

5) ____________ / 차라리 내가 아픈 게 낫다

→

한 가지 더

앞에서 이야기한 내용을 선택하기 싫다는 것을 강조하기 위해 사용할 경우 후행절에서는 주로 극단적인 내용을 말합니다.

활동 다음 상황에 맞게 이야기해 봅시다.

● 주말 계획에 대해 대화하기

- 만족스럽지 않은 상황
  자주 가던 공원에 가다
- 더 나은 생각
  교외로 나가 휴식 시간을 갖다

가: 주말에 무슨 계획 있어?

나: 해야 할 일이 있어 여유롭지는 않지만 자주 가던 공원에라도 가서 좀 쉬었으면 해.

가: 늘 가던 데 또 가느니 가까운 교외로 나가 휴식 시간을 갖는 편이 어때?

나: 그래, 그것도 괜찮겠다.

1 과제 제출에 대해 대화하기

만족스럽지 않은 상황 ______________________

더 나은 생각 ______________________

2 유학 중 주거 문제에 대해 대화하기

만족스럽지 않은 상황 ______________________

더 나은 생각 ______________________

22 동사 (으)ㄹ걸(요)

22

이반 주말에 가기로 한 식당 말이야. 예약을 해야 할까?

나츠미 응, 하는 게 좋을걸. 거기가 맛집이라서 주말에는 아마 자리가 없을 거야.

이반 그럼 지금 예약해야겠다. 자리는 안쪽이 괜찮겠지? 조용하게 얘기도 하고.

나츠미 창가 쪽이 나을걸. 안쪽은 좀 답답하잖아.

화자의 생각이나 추측을 나타낼 때 사용한다. 주로 구어적인 상황에서 쓰며 추측의 근거가 함께 제시된다. 명사와 결합하는 경우 '명사일걸(요)'의 형태로 쓴다.

- 가: 오늘 택배가 오기로 했는데 몇 시쯤 도착하는지 알 수 있을까요?
  나: 그건 가능할걸요. 요즘은 실시간으로 배송 조회가 되니까 한번 해 보세요.
- 가: 입사 시험에서 가장 중요한 게 뭘까?
  나: 음…. 아마 면접일걸. 직접 얼굴을 보고 얘기를 들어 봐야 그 사람이 어떤 사람인지 알 수 있잖아.
- 가: 내일 당장 수업인데 교재를 못 샀어. 어떡하지?
  나: 도서관에는 몇 권 있을걸. 지금 빨리 가 봐.

자신의 생각이나 추측이 상대방의 의견과 다르다는 것을 나타낼 때도 사용한다.

- 가: 이 정도면 네 외국인 친구들도 먹을 수 있겠지?
  나: 그래도 매울걸요. 전에 보니까 고춧가루가 조금만 들어가도 못 먹더라고요.
- 가: 어머, 이 가수 이번에 신곡 나왔네. 룸메이트한테 CD 선물해 주면 좋아하겠다.
  나: 그 친구가 제일 좋아하는 가수니까 벌써 샀을걸.
- 가: 혼인율이 점점 낮아지는 이유가 경제적으로 독립을 못 한 사람이 많아서죠?
  나: 그건 아닐걸요. 혼자 사는 삶이 좋아서 '비혼'을 선택하는 경우도 많아요.

연습 1 〈보기〉와 같이 연결하여 말해 보십시오.

보기 오후에 과장님이 자리에 계실까? 검토해야 할 서류가 있는데…….

일찍 퇴근하시다 | 오후에 중요한 일정이 있다고 하셨거든요.

가: 오후에 과장님이 자리에 계실까? 검토해야 할 서류가 있는데…….
나: 일찍 퇴근하실걸요. 오후에 중요한 일정이 있다고 하셨거든요.

1) 치킨 주문할 건데 몇 마리 시키면 될까요?
두 마리 정도면 적당하다 | 다른 음식도 있으니까 부족하지 않을 거예요.

2) 이 드라마가 그렇게 재미있어? 난 사람들이 드라마에 몰입해서 울고 웃는 거 이해가 잘 안 돼.
너도 한번 보면 빠져나오기 힘들다 | 이건 단순한 드라마가 아니라 우리 인생 그 자체야.

3) 집에서 학교까지 좀 멀어서 오토바이를 살까 해요.
오토바이보다는 자전거가 낫다 | 가격도 저렴하고 운동도 되잖아요.

4) 재미있게 놀다 보니까 벌써 열두 시가 넘었네요. 아직 지하철이 다니겠죠?
이미 끊기다 | 막차가 열두 시 반인데 지금 35분이에요.

연습 2 다음에서 알맞은 표현을 골라 대화를 완성하십시오.

쉽지 않다	다 못 먹다	길이 막히다	소리 지르다

1) 가: 일곱 시에 행사 시작이니까 한 시간 전에 출발하면 되겠지?
나: 퇴근 시간이라서 ________________. 다섯 시쯤 나가자.

2) 가: 이 공포 영화가 흥행 1위래. 너 이거 봤어?
나: 응, 어제 봤어. 나 공포 영화 잘 보는 편인데도 진짜 무섭더라. 넌 아마 영화 시작하자마자
________________.

3) 가: 배고픈데 우리 떡볶이 2인분하고 김밥 먹어요. 라면도 하나 시키고요.
나: ________________. 라면은 빼는 게 어때요?

4) 가: 어제 퀴즈 프로그램을 봤는데 별로 어렵지 않더라고요. 우리도 한번 나가볼까요?
나: 말처럼 ________________. 긴장돼서 한마디도 못 할 것 같아요.

연습 3 〈보기〉와 같이 대화를 완성하십시오.

보기 저녁에 도서관에 가서 공부할까요?

시험 기간이라서	빈자리가 하나도 없다

➜ 시험 기간이라서 빈자리가 하나도 없을걸요.

1) 졸업한 지 10년이 넘었는데 선생님께서 우리를 기억하실까?

우리가 특별한 학생이었으니까	

➜

2) 그동안 우리 팀이 우승을 놓친 적이 없었는데 올해도 당연히 이기겠죠?

모든 팀의 실력이 막상막하라서	

➜

3) 보고 싶었던 콘서트 표 예매가 두 시부터 시작됐는데 깜빡하고 못 했네. 아직 표가 남아 있을까?

	벌써 매진되다

➜

4) 타임머신이 정말 생긴다고 해도 사람들이 시간 여행을 하려고 할까요?

	서로 먼저 타려고 하다

➜

5) 미래에는 곤충이 식량으로 쓰인다고 하는데 난 못 먹을 것 같아.

곤충에는 단백질이 많다고 하니까	

➜

한 가지 더

이 문법은 가까운 사이가 아닌 윗사람에게는 쓰지 않는 것이 좋습니다. 또한 '-(으)ㄹ걸(요)'의 끝을 살짝 올려서 말해야 합니다.

활동 다음 상황에 맞게 이야기해 봅시다.

회식 장소에 대한 의견 말하기

- 장소
  학교 주변
- 의견
  학교 주변은 학생들이 많아서 시끄럽다

가: 회식 장소 정해야 하는데 학교 주변에 있는 식당으로 할까요?

나: 학교 주변은 학생들이 많아서 시끄러울걸요.

가: 좀 시끄럽기는 하지만 다른 데보다 음식값이 싸잖아요.

다: 그럼 우리 집 근처는 어때요? 가격도 저렴하고 주택가라서 조용하거든요.

1 커피숍 내 일회용컵 사용 금지 정책에 대한 의견 말하기

정책 제시 ....

이유 ....

2 매일 자고 일어났을 때 자신의 얼굴이 달라진다면 어떨지 의견 말하기

상황 제시 ....

이유 ....

23 상태동사 기 짝이 없다

23

장민 레아, 너 요즘 이사할 집 알아보고 있다면서? 그런데 너 이사한 지 6개월도 안 됐잖아.

레아 그렇긴 한데 지금 살고 있는 고시텔이 너무 불편해서 다른 데로 옮겨야겠어.

장민 중개 수수료랑 이사비가 또 들 텐데 괜찮겠어?

레아 그래도 할 수 없어. 침대도 작고 방도 좁아서 정말 답답하기 짝이 없거든.

상태동사 뒤에 붙어 어떤 상황의 정도가 매우 심하거나 대단함을 나타낼 때 사용한다.

- 가: 오랜만이야. 방학 잘 보냈어?
  나: 잘 보내기는. 계획만 잔뜩 세워 놓고 아무것도 못 했어. 정말 한심하기 짝이 없지?
- 가: 어제 행사 끝나고 만찬에 참석했다면서? 분위기 어땠어?
  나: 말도 마. 같은 테이블에 앉은 이들 중에 아는 사람이 하나도 없어서 정말 어색하기 짝이 없었어.
- 의사가 환자의 멀쩡한 무릎을 수술하는 황당하기 짝이 없는 의료사고가 발생했습니다.
- 이 제품은 포장을 뜯어 전자레인지에 돌리기만 하면 되니 정말 간편하기 짝이 없습니다.
- 부족한 저를 이렇게 칭찬해 주시니 부끄럽기 짝이 없습니다.

연습 1 〈보기〉와 같이 연결하여 말해 보십시오.

보기 | 아무 노력도 없이 좋은 결과를 얻기 바라는 사람들을 보면 | 한심하다

→ 아무 노력도 없이 좋은 결과를 얻기 바라는 사람들을 보면 정말 한심하기 짝이 없어요.

1) 나래은행 대출 절차를 다른 은행 대출 시스템과 비교해 보면 | 허술하다

2) 출퇴근 시간마다 차량 혼잡이 극심해서 | 불편하다

3) 아침 일찍 출근해서 준비했는데 갑자기 일정이 취소되니 | 당황스럽다

4) 나이가 어리다고 초면인데도 말을 놓는 사람들을 보면 | 불쾌하다

5) 불량 식품을 팔아 놓고 나 몰라라 하는 회사의 태도는 | 무책임하다

연습 2 다음에서 알맞은 어휘를 골라 대화를 완성하십시오.

안타깝다	유치하다	위험하다	불친절하다

1) 가: 회사가 구조조정에 들어간다면서요?

   나: 네. 수천 명의 직원들이 일자리를 잃게 될 것을 생각하면 ________________.

2) 가: 방송에 나와 유명해진 맛집 가 봤어? 어때?

   나: 맛은 그럭저럭 괜찮은데 종업원들이 ________________ 다시는 가고 싶지 않아.

3) 가: 뭘 그렇게 재미있게 보고 있어?

   나: 방 정리하다가 중학교 때 일기장을 발견했어. 그땐 심각했는데 지금 보니 정말 ________________.

4) 가: 어제 한 관광객이 폭포에서 사진을 찍다가 추락해서 다쳤대.

   나: 그래? 하긴, 멋진 사진 찍겠다고 ________________ 행동을 하는 사람들이 적지 않더라고.

연습 3 〈보기〉와 같이 문장을 완성하십시오.

보기	한 문제만 더 맞았으면 합격할 수 있었는데	아쉽다

➜ 한 문제만 더 맞았으면 합격할 수 있었는데 정말 아쉽기 짝이 없습니다.

1) 내 실수로 경기에 패한 것 같아서 |

➜

2) 개발 정책으로 평생 살던 곳에서 어느 날 갑자기 쫓겨나게 된다면 |

➜

3) | 어리석다

➜

4) | 기쁘다

➜

5) | 고맙다

➜

메모

활동 다음 상황에 맞게 이야기해 봅시다.

최근에 일어난 일 이야기하기

- 상황
  옷을 샀는데 일주일 만에 세일을 시작했다
  영수증을 잃어버린 탓에 환불을 받지 못했다
- 심정
  억울하다

가: 무슨 일 있어? 표정이 안 좋네.

나: 얼마 전에 옷을 샀는데 글쎄, 일주일 만에 50%나 세일을 하지 뭐야. 그래서 아까 가서 환불해 달랬더니 안 된대.

가: 왜? 일주일 정도면 될 텐데.

나: 영수증을 잃어버려서 환불해 줄 수가 없대. 내 입장에선 정말 억울하기 짝이 없어.

1 올림픽 출전 기회를 놓친 선수 인터뷰 하기

상황

심정

2 믿었던 사람에게 발등 찍힌 경험 이야기하기

상황

심정

24 상대 높임 2 하게체

24

사원 부장님, 이틀 전에 말씀하신 일로 보고드리러 왔습니다.

부장 어, 그런가? 벌써 다 되었나?

사원 네, 여기 있습니다.

부장 수고했네. 검토하고 다시 부를 테니 나가 보게.

화자가 청자를 대접하여 말할 때 사용한다. 예스러운 표현으로 주로 나이 든 친구끼리, 장인·장모가 사위에게, 상사가 부하 직원에게, 교수가 제자에게 쓴다.

- 장인: 어서 오게. 그래, 잘 지냈나?
  사위: 네, 아버님. 아버님도 그간 평안하셨지요?
  장인: 걱정해 준 덕분에 잘 지내고 있네. 이렇게 따로 보는 것도 오랜만이구먼.
- 교수: 이쪽으로 앉게. 자네가 진행 중인 연구는 요즘 어떤가?
  학생: 실은 문제가 좀 생겨서 제자리걸음만 하고 있습니다.
  교수: 문제를 말해 보게. 당장 바꾸기보다는 시간을 두고 함께 생각해 보세.
- 친구 1: 여보게, 내일 바쁘지 않으면 잠깐 집으로 와 주게.
  친구 2: 그러겠네. 그런데 무슨 일인가?

연습 1 〈보기〉와 같이 바꾸어 말해 보십시오.

> **보기** 많은 사람들 앞에서 발표를 할 때는 옷차림도 중요해요.
>
> ➔ 많은 사람들 앞에서 발표를 할 때는 옷차림도 중요하네.

1) 이번 달 동창 모임은 언제 가지기로 했습니까?

2) 같은 실수를 반복하지 않도록 끝까지 긴장을 늦추지 마세요.

3) 상황이 좋지는 않지만 목표를 이룰 수 있도록 최선을 다합시다.

4) 여기가 네가 10년 동안 일했다는 곳이니?

5) 3주 후에 있을 팀별 발표에 대해 공지를 부탁한다.

연습 2 다음에서 알맞은 표현을 골라 대화를 완성하십시오.

어렵겠다	한잔하다	잡아 보다	괜찮아지다

1) 친구 1: 이게 얼마 만인가? 만난 지가 1년은 넘지 않았나?
   친구 2: 벌써 그리 되었구먼. 바쁘지 않으면 차나 ____________.

2) 비서: 사장님. 거래처에서 사정이 생겨 미팅 시간을 다음 주로 조정해 달랍니다.
   사장: 다음 주는 일정이 많아 곤란하고, 다음 주 초로 다시 ____________.

3) 장모: 김 서방, 이번 주말쯤 가 보려고 하는데 애들 감기는 좀 ____________?
   사위: 네, 좋아졌습니다. 그렇지 않아도 아이들이 할머니 보고 싶다고 난리인걸요.

4) 학생: 교수님, 이번 달 말에 결혼을 하게 되어 청첩장을 드리러 왔습니다.
   교수: 오, 정말 축하하네. 그런데 내가 그날 학술대회 때문에 참석이 ____________.

연습 3 다음 대화를 완성하십시오.

1) 장인: 승진 축하하네. 그간 고생이 많았네.
   사위: 고생은요. 아버님, 어머님께서 저 때문에 걱정이 많으셨지요?
   장인: 아니네. 그나저나 회사 일이 더 바빠졌을 텐데 건강은 ________________________?
   사위: 좋은 편입니다. 바쁘기는 하지만 전보다 더 활기차게 생활하고 있습니다.

2) 친구 1: 못 본 사이에 몸이 좋아졌구먼. 무슨 비결이라도 있는가?
   친구 2: 비결은 무슨. 몇 개월째 매일 등산을 다녔더니 다리에 근육이 붙고 몸도 가뿐해지더군.
   친구 1: 매일 등산이라니 말이 쉽지. 꾸준히 하기가 어려운 일인데 참 대단하네.
   친구 2: 자네도 ________________________. 처음에는 힘들겠지만 서너 주만 하다 보면 할 만해질 것이네.

3) 교수: 자네가 벌써 4학년인가? 그래, 졸업한 후 진로는 생각해 봤는가?
   학생: 네. 전공을 살려 일할 수 있는 회사에 취직하려고 합니다.
   교수: 자네는 학과 성적도 우수했으니 그리 어려울 것 같지는 않군. 그런데 인턴 경험은 ________________________?
   학생: 그게 가장 걱정입니다. 학비 때문에 아르바이트를 하느라 실무 경험이 별로 없습니다.

4) 부장: 이번 주 회식 일정은 정해졌나?
   대리: 네, 부장님. 목요일 6시에 회사 앞에 새로 생긴 양고기 전문점에서 하기로 했습니다.
   부장: 양고기를 못 먹는 사람도 있을 테니 ________________________.
   대리: 아, 거기까지는 생각을 못했네요. 그럼 메뉴가 다양한 다른 곳으로 알아보겠습니다.

메모

활동 다음 상황에 맞게 이야기해 봅시다.

상사가 부하 직원에게 격려하기

- 격려의 말
  진행 정도를 묻고 힘내라고 함
- 다짐
  최선을 다하겠다고 답함

가: 김 대리, 신제품 기획안을 맡았다고 들었네. 잘 진행되고 있는가?

나: 처음이라 그런지 생각보다 시간이 더 걸리는 것 같습니다.

가: 끝까지 꼼꼼하게 준비하면 잘될 것이네. 힘내게.

나: 네. 최선을 다해 보겠습니다.

1 병문안 가서 친구 위로하기

위로의 말 ....

....

감사 인사 ....

....

2 장인이 예비 사위에게 당부하기

당부의 말 ....

....

다짐 ....

....

25 동사 (으)려나?

25

한나　방송에 나온 튀김집 말이야.
　　　날마다 사람들이 줄을 선대.

이반　그렇게 맛있대? 우리도 한번 가 볼까?

한나　당분간은 안 가는 게 좋을걸. 하루에 100인분만
　　　팔아서 못 먹고 오는 사람이 더 많대.

이반　줄 서서 기다렸다가 못 먹으면 정말 아쉽겠다.
　　　몇 달 지나면 한가하려나?

화자가 어떤 상황을 궁금해하며 말할 때 사용한다. 혼잣말하듯 쓰며 '모르다'와 함께 쓰기도 한다.

- 가: 세제하고 화장지가 떨어졌는데, 장 보러 갈 시간 없으니까 인터넷으로 주문할까?
  나: 그러자. 그런데 지금 주문하면 내일쯤 오려나?
- 가: 벌써 세 시네. 흐엉은 도착했으려나?
  나: 비행기 출발 시간이 열 시였으니까 거의 도착했겠는데.
- 가: 영화는 다음 주에 봐요. 쓰기 과제 때문에 오늘은 안 될 것 같아요.
  나: 저는 괜찮은데 루카스가 다음 주에 시간이 되려나 모르겠네요. 일단 물어볼게요.
- 작년에는 늦잠을 자는 바람에 일출을 못 봤는데 올해는 새해 일출을 볼 수 있으려나 모르겠어요.
- 이번 올림픽 관련 홍보 상품이 인기가 많아서 이미 매진된 물품이 많다던데 제가 사려는 티셔츠도 품절되지 않았으려나 모르겠습니다.

연습 1 〈보기〉와 같이 바꾸어 말해 보십시오.

보기	루카스가 요즘 엄청 바쁜 것 같던데 메시지를 보내면	금방 읽다

➡ 루카스가 요즘 엄청 바쁜것 같던데 메시지를 보내면 금방 읽으려나?

1)	어제 비를 맞아서 그런지 몸이 으슬으슬한데	감기가 오다
2)	소식이 뜸하던 친구한테서 오랜만에 이메일이 왔는데	무슨 반가운 소식이 있다
3)	예전에는 이 집 음식이 맛있어서 자주 오곤 했는데	지금은 어떻다
4)	팬 미팅 표가 매진됐던데 당일 아침 현장에 가면	표를 구할 수 있다
5)	등산로 입구에서 두 시간도 넘게 올라온 것 같은데	정상까지 얼마나 남다

연습 2 다음에서 알맞은 표현을 골라 대화를 완성하십시오.

끝나다	절판되다	가지고 있다	미끄럽지 않다

1) 가: 오늘 저녁에도 운동장 열 바퀴 뛰러 나갈 거야? 낮에 비 왔는데 괜찮을까?
   나: 그러게. ______________________. 일단 가 보고 안 될 것 같으면 그냥 오자.

2) 가: 다음 주 수요일이 나츠미 생일이잖아. 무슨 선물을 준비할 거야?
   나: 나츠미가 좋아하는 그룹의 앨범을 사 줄까 해. 음…. 그건 이미 ______________________?

3) 가: 아홉 시가 넘었는데 룸메이트는 어디 가고 너 혼자야?
   나: 친구랑 공연 보러 갔어. 일곱 시에 시작했으니까 지금쯤 ______________________.

4) 가: 어렸을 때 보던 만화책 중에 외계에서 온 로봇 이야기가 있었는데 다시 읽고 싶어. 너무 옛날 거라 지금은 ______________________?
   나: 제목이 뭔데? 몇 년 전에 옛날 만화책을 다시 내는 게 유행처럼 번지던 때가 있었으니까 그것도 다시 출판됐을지도 몰라.

연습 3 〈보기〉와 같이 문장을 완성하십시오.

보기 | 토요일 저녁인데 예매를 안 하고 가도 | 표가 있을까?

➡ 토요일 저녁인데 예매를 안 하고 가도 표가 있으려나?

1) 노트북 화면이 안 나오는데 수리를 맡기면 |

➡

2) 우리 오늘 캠핑장에서 열두 시에 보기로 했지? 벌써 열한 시가 넘었는데 |

➡

3) 학교 홈페이지를 보니 캠퍼스가 엄청나게 넓던데 |

➡

4) | 목이 안 아프려나 모르겠네.

➡

5) | 음식이 입에 맞으시려나 모르겠습니다.

➡

한 가지 더

'동사 (으)려나 모르다'는 어떤 일이 일어나지 않았으면 좋겠다는 뜻으로 사용하면 어색한 경우가 많습니다. 어떤 음식점이 문을 열었기를 바랄 때에는 '문을 닫았으려나 모르겠네.'보다 '문을 열었으려나 모르겠네.'가 자연스럽습니다.

활동 다음 상황에 맞게 이야기해 봅시다.

현지 학습 일정표 보며 이야기하기

- 걱정되는 것
  공항에 제시간에 도착할 수 있을까?
- 궁금한 것
  네 시간 만에 한라산 정상까지 갔다 올 수 있나?

가을 현지 학습 안내

1일	07:00	김포공항 2층 은행 앞 집결
	11:00	제주공항 도착
	12:00	점심 식사(제주 흑돼지 구이)
	14:00	이중섭 거리
	⋮	⋮
2일	07:00	기상 및 조식
	08:00	한라산 등반
	12:00	점심 식사
	13:00	섭지코지 해변 산책
	16:00	제주 민속마을 탐방
	⋮	⋮

가: 현지 학습 일정표가 나왔네.

나: 아침에 일곱 시까지 공항에 가야 하는데 우리 제시간에 도착할 수 있으려나?

가: 기숙사에서 다섯 시에는 나가야겠는걸. 그리고 둘째 날에 한라산 등반이 네 시간 잡혀 있어.

나: 네 시간? 네 시간 만에 한라산 정상까지 갔다 올 수 있으려나? 힘들 것 같은데….

1 영화 상영 시간표 보며 이야기하기

궁금한 내용 ....

걱정되는 내용 ....

씨네무비 상영 시간표

12.22(토) 12.23(일) ☑12.24(월) 12.25(화)

A	우리들	10:00				
12	보헤미안 랩소디	14:10	20:30			
A	4등	11:45	16:15	18:30		
15	러빙 빈센트	09:40	13:45	20:45		
12	국가 부도의 날	10:20	13:30	16:20	18:50	20:20
⋮	⋮	⋮				

2 면접시험을 함께 준비하는 친구와 이야기하기

궁금한 내용 ....

걱정되는 내용 ....

26 동작동사 는 한

26

기자 축하드립니다. 올해 최고령 졸업자로 학사모를 쓰셨는데요. 소감 한 말씀 부탁드립니다.

할머니 드디어 졸업을 해서 마음의 큰 짐을 덜었어요. 이제 홀가분하네요.

기자 일흔이 넘어 공부하시면서 많이 힘들지 않으셨어요?

할머니 아유, 많이 힘들었죠. 하지만 꿈을 포기하지 않는 한 언젠가는 이룰 수 있다고 생각해요.

화자의 확고한 생각에 대한 전제나 조건을 나타낼 때 사용한다.

- 가: 버스에 음료수를 들고 타지 못하게 되면서 정류장에 컵을 그냥 버리는 사람들이 많아졌어요.
  나: 나 하나쯤은 괜찮겠지라는 생각을 갖는 한 환경 문제가 쉽게 해결될 것 같지 않네요.
- 우리가 서로 사랑하는 한 어떠한 역경도 극복할 수 있을 거예요.
- 토픽에서 5급 이상을 받지 않는 한 대학원에 입학하기는 힘들 것이다.
- 많은 시민들이 함께 연대하는 한 사회적 약자가 불평등을 겪는 일은 점점 줄어들겠죠.

'될 수 있는 한', '관한 한', '가능한 한'과 같이 관용적인 형태로도 쓴다.

- 가: 이 자료는 언제까지 제출할까요?
  나: 바쁘시겠지만 가능한 한 빨리 부탁드릴게요.
- 그 친구는 다른 건 몰라도 차에 관한 한 거의 전문가 수준이에요.
- 미세먼지가 심한 날에는 될 수 있는 한 외출을 삼가고 실내 활동을 하는 것이 좋습니다.

연습 1 〈보기〉와 같이 연결하여 말해 보십시오.

보기 앞으로 건강이 허락하다 / 후배 양성을 위해 더욱 힘쓰겠습니다.

➔ 앞으로 건강이 허락하는 한 후배 양성을 위해 더욱 힘쓰겠습니다.

1)	욕심을 버리지 않다	자신의 인생에 만족하면서 살 수 없어.
2)	상대에 대한 배려 없이 자기 의견만 주장하다	토론이 원활하게 진행되기는 어렵습니다.
3)	평화를 위해 다 같이 마음을 모으지 않다	우리가 바라는 통일이 되는 건 쉽지 않을 거야.
4)	앞으로 일어날 문제에 대해 미리 대비하지 않다	소 잃고 외양간 고치는 상황이 발생할지도 모른다.
5)	한국 현대사에 관하다	이 소설을 뛰어넘을 작품은 아직까지 없다고 봐요.

연습 2 다음에서 알맞은 표현을 골라 대화를 완성하십시오.

가능하다 　 지속되다 　 무대가 있다 　 도움이 없다

1) 가: 출산율이 좀처럼 올라갈 기미가 보이지 않네요.
   나: 양육과 교육에 대한 경제적 부담이 ______________ 쉽게 해결되지 않겠죠.

2) 가: 여든이 넘은 고령이신데도 이렇게 매년 연극을 하신다니 정말 놀랍습니다.
   나: 저를 불러주는 ______________ 언제나 관객과 함께하고 싶은 마음뿐입니다.

3) 가: 쌍둥이 키우기 힘들지? 직장 생활도 해야 하고. 식구들이 많이 도와줘?
   나: 그럼. 식구들의 ______________ 집안일이랑 회사 일을 다 해내지 못할 거야.

4) 가: 어른이 된 후에도 키가 조금은 자랄 수 있다면서요?
   나: 네. 몸을 ______________ 쭉 펴고 스트레칭을 해 주면 효과가 있대요.

연습 3 〈보기〉와 같이 문장을 완성하십시오.

보기	상대방이 진심으로 사과하지 않다	절대 용서할 수 없다

→ 상대방이 진심으로 사과하지 않는 한 절대 용서할 수 없어요.

1) 응원해 주는 가족이 존재하다 | ____________

→ ____________

2) 내 힘이 닿다 | ____________

→ ____________

3) 일에 대한 의욕이 있다 | ____________

→ ____________

4) 계획을 체계적으로 세우지 않다 | ____________

→ ____________

5) 될 수 있다 | ____________

→ ____________

한 가지 더

이 문법은 선행절의 동작이 일어나는 범위나 한도 내에서 후행절의 상황이 생길 수 있음을 의미합니다.

활동 다음 상황에 맞게 이야기해 봅시다.

아빠와 신데렐라가 새엄마를 맞아들이는 상황에서의 대화

- 아빠
  새엄마가 필요하다
- 신데렐라
  아빠만 있으면 괜찮다

가: 신데렐라, 엄마가 돌아가신 지도 벌써 10년이 흘렀구나.

나: 엄마가 없지만 그래도 전 아빠가 제 옆에 계셔서 행복해요.

가: 그래. 하지만 너도 이제 새엄마가 필요하지 않겠니?

나: 저는 아빠가 계시는 한 새엄마는 필요 없어요. 그냥 아빠랑 둘이 살면 안 돼요?

1 새엄마가 신데렐라를 구박하는 상황에서의 대화

새엄마

신데렐라

2 왕자가 유리구두의 주인과 결혼하겠다며 신하에게 알리는 상황에서의 대화

왕자

신하

27 동사 지

27

흐엉 친구 생일에 무슨 선물을 하면 좋을까? 이번 달 용돈도 얼마 안 남아서 비싼 선물을 사 주기는 어려울 것 같은데 걱정이야.

장민 선물은 마음이 중요하지 가격이 중요한 게 아니야. 비싼 게 아니더라도 친구한테 마음을 잘 전할 수 있는 선물이 뭘까 생각해 봐.

흐엉 그럴까? 그럼 친구한테 꼭 필요한 걸 생각해 봐야겠다.

선행절의 내용을 강조하며 말할 때 사용한다. 후행절에는 그와 반대되는 일이나 상황을 제시하며 부정하는 표현이 온다.

- 가: 이 일은 마감 기한이 아직도 멀었는데 벌써 하고 있어요?
  나: 저는 일을 미리 해 두어야 마음이 놓이지 그렇게 하지 않으면 불안해서 잠이 안 오더라고요.
- 공청회에 참석한 한 주민은 지역 개발에 대한 논의가 시끄럽기만 하지 실제로 진행된 것은 하나도 없다며 불평했다.
- 문화는 상대적인 것이지 우열을 가릴 수 있는 것이 아닙니다.

앞의 내용과 같이 하지 않은 것에 대한 아쉬움이나 못마땅함을 나타낼 때 사용한다. '동작동사지 그랬어요?', 동작동사지 왜…?'의 형태로 자주 쓴다.

- 가: 시간이 많이 남았다고 생각하고 여유를 부렸더니 늦을 것 같아요.
  나: 좀 서두르지 그랬어요? 그럼 제가 표를 끊고 기다릴 테니까 빨리 오세요.
- 가: 아까 그 말은 왜 했어? 걔 얼마 전에 남자 친구랑 헤어졌잖아.
  나: 진짜? 그런 일이 있었으면 말 좀 해주지 왜 가만히 있었어? 그런 줄도 모르고 실수했네.
- 가: 많이 기다렸지? 오후에 비가 온다고 해서 우산을 가지러 다시 집에 다녀오느라 늦었어.
  나: 가방에 우산 두 개 있는데 아까 통화할 때 말하지.

연습 1 〈보기〉와 같이 연결하여 말해 보십시오.

보기	나는 여름에도 야외에서 활동하는 걸 좋아하다	실내에 가만히 있는 건 싫어해.

➔ 나는 여름에도 야외에서 활동하는 걸 좋아하지 실내에 가만히 있는 건 싫어해.

1)	이곳은 누구나 쉴 수 있는 카페이다	혼자서 공부하는 도서관이 아니잖아요.
2)	선물 상자가 크기만 하다	내용물은 실속이 없네.
3)	무슨 일이든 처음에만 힘들다	하다 보면 괜찮아질 거야.
4)	그 사람은 나이만 많다	하는 행동을 보면 철없는 아이 같다.
5)	자식은 하나의 인격체로 대해야 하다	부모의 소유물로 여기면 안 됩니다.

연습 2 다음에서 알맞은 표현을 골라 대화를 완성하십시오.

더 쓰다	신어 보고 사다	요기라도 하다	진작 그렇게 하다

1) 가: 휴대폰 화면에 금이 가서 새로 사야겠어.
나: 서비스 센터에 가면 수리할 수 있는데 뭐 하러 새로 사? ____________________.

2) 가: 수업 끝나고 은행에 다녀오느라 점심을 걸렀더니 벌써 배가 고프네.
나: 그렇다고 굶은 거야? 편의점에 들러서 간단하게 ____________________.

3) 가: 사랑니 때문에 일 년 넘게 고생했는데 치과 가서 뽑았더니 속이 다 시원하네요.
나: 일 년이나 앓았다고요? ____________________ 왜 참았어요?

4) 가: 바쁘다고 구두를 보기만 하고 샀더니 발이 너무 불편하네요.
나: 발은 제2의 심장이라는 말도 있는데 바쁘더라도 ____________________ 그랬어요?

연습 3 〈보기〉와 같이 문장을 완성하십시오.

보기	번역기는 글자만 번역하다	마음까지 번역하지는 않는다.

➡ 번역기는 글자만 번역하지 마음까지 번역하지는 않는다.

1) 영양제도 건강 상태에 맞아야 약이다 |

➡

2) 저 배우는 텔레비전으로만 봤다 |

➡

3) 우리는 한국에 공부하러 왔다 |

➡

연습 4 〈보기〉와 같이 내용을 완성하십시오.

보기	초행길인데 혼자 가느라 많이 헤맸다고 들었어.	나하고 같이 가지 왜 혼자 갔어?

➡ 초행길인데 혼자 가느라 많이 헤맸다고 들었어. 나하고 같이 가지 왜 혼자 갔어?

1) 네가 금방 올 줄 알고 밥도 안 먹고 기다렸잖아. |

➡

2) 서류에 계좌번호를 잘못 써서 냈다고요? |

➡

3) 겨우 3층 걸어 올라온 걸 가지고 이렇게 힘들어하는 거예요? |

➡

한 가지 더

이 문법은 상대방에게 조언이나 충고를 하면서 자신이 옳다고 생각하는 동작이나 상태를 정확히 전달하는 데 효과적입니다. 하지만 자신의 생각을 상대방에게 직접적으로 드러내면 의미가 너무 강하게 전달될 수 있으므로 상황에 따라 사용 여부를 결정하는 것이 좋습니다.

활동 다음 상황에 맞게 이야기해 봅시다.

헬스장 이용 연장에 대한 생각 말하기

- 상황
  회원은 아직 연장 여부를 결정하지 못함
- 고민하는 이유
  이용료가 비쌈

가: 회원님, 이용 기간이 이번 달 말일까지인데 연장하실 건가요?

나: 글쎄요. 이용료가 비싸기만 하지 회원 혜택이 별로 없는 것 같아요.
그래서 아직 연장 여부는 결정을 못했어요.

가: 연속으로 등록하는 회원께는 이용료를 20% 할인해 드리고 있어요. 개인 트레이닝 3회 쿠폰도 드리고요.

나: 그래요? 개인 트레이닝을 받아 볼까 했는데 솔깃하네요. 생각해 보고 내일 말씀드릴게요.

1 룸메이트에게 방 청소에 대한 생각 말하기

상황

친구가 해야 하는 일

2 늑장 부리는 친구에게 충고하기

상황

친구가 해야 하는 일

28 동사 (으)ㄴ/는걸(요)

28

한나　노랫소리가 들려서 들어와 봤어. 장민, 정말 노래 잘하는걸. 실력이 그 정도인 줄은 몰랐어.

장민　내가 연습하는 거 들었구나. 칭찬을 들으니 자신감이 좀 생기는걸.

한나　외국인 한마당에 나가면 넌 꼭 상을 받을 거야.

장민　고마워. 내가 상 타면 밥 한번 살게.

어떤 사실이나 대상에 대해 감탄하듯이 말할 때 사용한다.

- 가: 조언해 준 대로 기말 보고서를 고쳐 봤는데 다시 한번 봐 줄래요?
  나: 이전보다 훨씬 좋아졌는걸요. 내용 연결도 자연스럽고 논점도 선명해졌어요.
- 가: 저번에 산 수필집 어땠어?
  나: 기대 이상이던걸. 빌려줄 테니까 너도 읽어 봐.

상대방의 말에 반응한 후 그 이유를 덧붙일 때 사용한다.

- 가: 이번에 신입 사원이 많이 들어와서 젊은 사람들과 함께 일하시기 힘들지 않으세요?
  나: 힘들긴요. 도전적이고 활력이 넘쳐서 저도 젊어지는 느낌인걸요.
- 가: 한국에 온 지 꽤 돼서 이제는 한국 문화에 익숙해졌지?
  나: 그럼. 얼마 전에는 한국 사람 다 됐다는 얘기도 들었는걸.
- 가: 어제 뉴스에서 인터뷰하는 거 봤어요. 카메라 앞에서 이야기할 때 떨리지 않았어요?
  나: 별로요. 제가 잘 알고 있는 내용이라 그랬는지 그렇게 떨리지는 않던걸요.

연습 1 〈보기〉와 같이 바꾸어 말해 보십시오.

보기 오늘 야구장에 가려고 네가 선물해 준 모자 써 봤어.

네 마음에 들지 않을까 봐 걱정했는데 | 아주 잘 어울리다

가: 오늘 야구장에 가려고 네가 선물해 준 모자 써 봤어.
나: 네 마음에 들지 않을까 봐 걱정했는데 아주 잘 어울리는걸.

1) 이 가방이 마음에 드는데 어때 보여?

가격이 좀 비싸긴 해도 | 소재가 좋고 고급스러워 보이다

2) 이번 프로젝트 함께하게 됐다면서요? 프로젝트 방향에 대해서는 이해했나요?

물론이죠. | 정 대리님이 어제 자세히 설명해 주시다

3) 한 달이나 혼자 여러 나라를 돌아다녔다고 들었는데 어땠어?

좀 외로울 때도 있었지만 | 혼자 여행하니까 생각을 많이 하게 되다

4) 동호회 활동은 할 만한가요?

글쎄요. | 사람들과 같이 취미 생활을 하는 건 즐거운데 의외로 비용이 많이 들다

연습 2 다음에서 알맞은 표현을 골라 대화를 완성하십시오.

이해가 가다 | 몸이 늘어지다 | 혈색이 좋아지다 | 그릇을 싹 비우다

1) 가: 점심을 먹고 나니 나른해지네.
나: 식곤증이 오는 건지 정말 ______________. 정신 차리게 커피라도 한 잔 마셔야겠어.

2) 가: 이번에 검사해 보니까 낮았던 빈혈 수치가 많이 올랐더라고요.
나: 정말 잘 됐네요. 전보다 ______________.

3) 가: 부모님과 대화가 잘 안 된다고 속상해했잖아요. 괜찮아졌어요?
나: 저번에 가족 여행 가서 마음 터놓고 이야기했더니 부모님 입장도 ______________.

4) 가: 요즘 고양이가 잘 안 먹어서 걱정인데 오늘은 사료를 다 먹었는지 모르겠다.
나: 내가 아까 잠깐 들러서 확인했는데 고양이가 배가 고팠는지 ______________.

연습 3 〈보기〉와 같이 대화를 완성하십시오.

보기

용돈 받은 지 얼마 안 돼서 요즘에는 여유가 좀 있겠네.

여자 친구 선물을 사고 나니까 | 남은 돈이 별로 없다

➔ 여자 친구 선물을 사고 나니까 남은 돈이 별로 없는걸.

1) 이번에 새로 산 볼펜인데 너무 맘에 들어서 네 것도 샀어.

고마워. 디자인이랑 색깔이 깔끔하고 | ______

➔ ______

2) 저번에 고향 음식 맛있게 하는 곳 알게 돼서 좋다고 하더니 거기 자주 가?

그럼. 어제도 고향 친구 생일이라서 | ______

➔ ______

3) 소개팅에서 만난 사람은 어땠어요?

인상도 좋고 호감 가는 성격이지만 | ______

➔ ______

4) 오랜만에 산에 와서 신선한 공기 마시니 참 좋네요. 날씨가 더 화창했으면 좋았을 텐데 좀 흐려서 아쉬워요.

저는 햇살도 뜨겁지 않고 오히려 선선해서 | ______

➔ ______

5) 조별 모임에서 다른 조원들이 맡은 부분을 안 해 온다고 속상해하더니 좀 괜찮아졌어?

응. 지난 모임에서는 조원들이 모두 | ______

➔ ______

활동 다음 상황에 맞게 이야기해 봅시다.

면접시험 경험에 대해 이야기하기

• 어려웠던 점
회사와 관련된 구체적인 질문에 답하는 것이 어려웠음

가: 그동안 면접시험 준비하느라 얼굴 보기 힘들었는데 시험은 어땠어요?

나: 예상보다 좀 어려웠어요. 회사와 관련된 구체적인 질문을 많이 하던걸요. 그 부분은 준비를 많이 못해서 당황스럽더라고요.

가: 정말 그랬겠네요. 아마 다른 지원자들도 마찬가지였을 테니까 미리 낙심하지 말아요. 좋은 결과가 있을 거예요.

나: 고마워요. 어쨌든 좋은 경험을 한 것 같아요.

1 운동 경험에 대해 이야기하기

좋았던 점

2 친구의 변화된 모습에 대해 이야기하기

친구의 변화

29 동사 고도

29

환자 지난번에 주신 약을 먹었는데 별로 효과가 없었어요.

의사 그래요? 그럼 이번에는 처방을 달리 해서 드릴게요.

환자 이번에는 두통만이라도 좀 나아졌으면 좋겠는데….

의사 효과가 있을 거예요. 이틀치 약을 먹고도 차도가 없으면 다시 내원하세요.

동작동사 뒤에 붙어 앞의 행위로 인해 예상되는 결과와 다른 행동이나 상태가 이어질 때 사용한다.

- 가: 너 어제 명동에 나갔다가 가수 김하늘 봤다면서?
  나: 응. 정말 깜짝 놀랐어. 직접 눈으로 보고도 못 믿겠더라고.
- 가: 어제 내 친구가 길 잃은 아이를 돌봐 줬는데 아이 엄마가 고맙다고 인사를 하기는커녕 빨리 연락을 안 했다고 화를 냈대.
  나: 그래? 착한 일 하고도 좋은 말 못 듣는다는 게 바로 그런 거구나.
- 세상을 살다 보면 때로는 듣고도 못 들은 척, 알고도 모르는 척하는 지혜가 필요할 때가 있다.

상태동사 뒤에 붙어 앞말과 상반되거나 또 다른 특성이 있음을 나타낼 때 사용한다.
이때 앞말과 뒷말은 의미가 서로 관련되어 있어야 하며 관용적인 형태로 자주 쓴다.

- 삼 년 간의 유학 생활, 그 길고도 짧은 시간을 마칠 때가 가까워지고 있다.
- 아르헨티나의 민속 음악인 탱고는 아름답고도 슬픈 선율로 전 세계에서 사랑을 받고 있다.
- 배우 김소현은 차기작에서 엉뚱하고도 천진난만한 매력을 지닌 여주인공 역할을 맡아 연기할 예정이다.

연습 1 〈보기〉와 같이 연결하여 말해 보십시오.

보기	최선을 다하다	좋은 결과를 얻지 못할 때가 있다.

➡ 최선을 다하고도 좋은 결과를 얻지 못할 때가 있다.

1)	막대한 돈을 쏟아 붓다	출산율을 높이는 데 실패했다.
2)	우리 대표 팀이 잘 싸우다	아쉽게 우승을 놓쳤습니다.
3)	그는 대기업에 합격하다	남들과 차별화된 경력을 쌓고 싶어 해외 취업을 선택했다.
4)	오천 명의 인원을 동원하다	범인을 검거하지 못한 경찰의 무능함에 많은 시민들의 질타가 이어지고 있다.
5)	십 년 넘게 영어를 공부하다	막상 외국인 앞에 서면 입 한번 제대로 떼지 못하는 사람들이 적지 않습니다.

연습 2 다음에서 알맞은 어휘를 골라 대화를 완성하십시오.

크다	길다	참신하다	넓다
무겁다	좁다	짧다	기발하다

1) 세상은 역시 ________________. 초등학교 동창을 20년 만에 동호회 모임에서 만나다니.

2) ________________ 인생. 쏜살같이 흘러가는 시간 속에서 가끔은 내 자신을 돌아볼 수 있는 여유를 누리고 싶어요.

3) 김호준 신임 시장은 취임사에서 '________________ 책임을 느낀다.'라며 시민 모두가 잘 사는 행복한 도시를 건설하겠다는 포부를 밝혔다.

4) 아이디어 생활용품 전시회에는 ________________ 발명품들이 다수 출품되어 관람객들의 시선을 끌고 있습니다.

연습 3 〈보기〉와 같이 문장을 완성하십시오.

보기

전세 자금 대출을 받다	돈이 모자라서 고민이다

➤ 전세 자금 대출을 받고도 돈이 모자라서 고민입니다.

1) | 나츠미는 밤새워 발표 준비를 하다 | |

➤

2) | 그는 뛰어난 능력을 갖추다 | |

➤

3) | | 합의점을 찾는 데 실패하다 |

➤

4) | | 오디션 프로그램에서 우승하다 |

➤

5) | | 바쁜 일정 탓에 가 보지 못하다 |

➤

메모

활동 다음 상황에 맞게 이야기해 봅시다.

내 친구 에리 소개하기

- 친구의 성품
  따뜻하다
- 또 다른 특징
  사랑스럽다

제 친구 에리를 소개합니다. 에리의 고향은 일본 오사카이며 한국에 온 지는 1년이 좀 넘었습니다. 우리는 중급1 단계에서 같은 반 친구로 처음 만났는데 이제는 하루가 멀다 하고 서로를 찾는 소중한 친구가 되었습니다. 에리의 첫인상이 좀 차가워 보이기는 하지만 사귀어 보면 정말 따뜻하고도 사랑스러운 사람이라는 것을 알게 되실 겁니다.

1 내 휴대폰의 특징 말하기

장점

또 다른 특징

2 최근에 본 영화에 대해 말하기

전반적인 느낌

또 다른 특징

30 동작동사 자면

30

강연자 쓰기를 잘하자면 우선 다양한 글을 많이 읽어 봐야 합니다. 그러다 보면 좋은 글을 알아보는 눈이 생겨서 자기가 쓴 글을 객관적으로 검토할 수 있게 됩니다. 거기에 틈틈이 무언가를 쓰는 습관도 반드시 필요하고요.

사회자 요약하자면 많이 읽고 많이 쓰라는 말씀이시지요?

강연자 네, 그렇습니다.

어떤 의도를 가정할 때 사용한다. 후행절에는 앞에서 가정한 조건에 따른 내용이 온다.

- 가: 환경을 위해 생활 속에서 할 수 있는 일에는 무엇이 있을까요?
  나: 먼저 심각한 기후 변화를 막자면 온난화의 주범인 이산화탄소의 발생을 줄이기 위해 노력해야 합니다. 그러기 위해서는 일회용품 사용부터 자제해야겠죠?
- 외국어를 원어민처럼 사용하자면 수업을 열심히 듣는 것 외에도 몇 배의 노력이 필요해요.
- 사고 후의 정신적 외상을 없애자면 한두 번의 상담으로는 부족하다.

예시, 부연 설명, 요약·정리를 위해 사용하며 특히 공식적인 상황에서 자주 쓴다.

- 가: CCTV 설치에 대해 반대 측 의견 말씀해 주십시오.
  나: CCTV는 개인을 감시하는 도구가 될 수 있습니다. 예를 들자면 안전을 위한다는 이유로 사무실에 설치한 CCTV가 직원들의 일거수일투족을 감시하는 데 이용될 수 있다는 것입니다.
- 연령과 소비 습관의 관계를 도표로 살펴보자면 다음과 같습니다.
- 위의 내용을 종합하자면 인간관계에서 중요한 것은 서로에 대한 믿음입니다.

연습 1 〈보기〉와 같이 연결하여 말해 보십시오.

보기 발표를 잘하다 / 우선 청자를 분석해야 한다.

→ 발표를 잘하자면 우선 청자를 분석해야 한다.

1)	불필요한 지출을 막다	소비 습관부터 점검하는 것이 좋다.
2)	다음 주까지 보고서를 완성하다	오늘 안에 자료 조사를 마쳐야 합니다.
3)	작업의 효율성을 높이다	각자의 역할을 나눠야 하지 않을까요?
4)	덧붙이다	세종대왕은 음악에도 조예가 깊었다고 합니다.
5)	지금까지의 내용을 정리하다	수면의 양보다 질이 중요하다는 것입니다.

연습 2 〈보기〉와 같이 대화를 완성하십시오.

보기 가: 어떻게 하면 졸음운전을 예방할 수 있을까요?
나: 졸음운전의 가장 큰 원인은 피로 누적입니다. 따라서 졸음운전을 예방하자면 무엇보다 과로하지 않는 것이 중요합니다.

1) 가: 어떻게 하면 시간을 효율적으로 쓸 수 있을까요?
나: ______________________ 하루 동안 무엇을 할지 계획을 세우는 것이 중요해요.

2) 가: 우리 회사는 직원들의 국적이 다양한데요. 가끔 문화 차이로 인해 오해가 생겨서 곤란할 때가 있어요.
나: ______________________ 서로의 문화를 상대적으로 바라보는 시각이 필요한데 그게 쉬운 일은 아니죠.

3) 가: 최근 식당을 예약해 놓고 연락도 없이 오지 않는 사람들이 많아서 손해가 크대요.
나: 그러게요. ______________________ 예약금을 얼마 정도 내도록 해야 한다고 생각해요.

4) 가: 이번 태풍은 현재 제주 동쪽 해안을 지나고 있으며 24시간 이내에 동해상에서 소멸될 것으로 보입니다.
나: 좀 더 ______________________ 곧 효력이 약화될 거라는 말씀이시지요?

연습 3 〈보기〉와 같이 문장을 완성하십시오.

보기	누군가를 사랑하다	먼저 자신을 사랑하는 법을 배우다

➜ 누군가를 사랑하자면 먼저 자신을 사랑하는 법을 배워야 한다.

1) 유학 생활에 빨리 적응하다 | ______

➜ ______

2) 컴퓨터 속도를 높이다 | ______

➜ ______

3) 20대를 계절에 비유하다 | ______

➜ ______

4) 재미있는 한국어 표현의 예를 들다 | ______

➜ ______

5) 내 인생에서 가장 긴장되었던 순간을 꼽다 | ______

➜ ______

한 가지 더

이 문법을 사용하면 자기가 말하려는 내용이 무엇인지 청자나 독자에게 미리 신호를 줄 수 있습니다. 예를 들어 '한 가지 조언하자면'이라고 말하면 청자는 조언을 들을 준비를 하게 됩니다. 따라서 청자나 독자가 이어지는 내용에 대하여 예측하고 좀 더 집중하도록 하는 효과가 있습니다.

활동 다음 주제에 대해 이야기해 봅시다.

◯ 영화 내용을 한마디로 요약하여 말하기

- 제목 부산행
- 내용 정체불명의 바이러스가 전국으로 확산되어 마지막 안전한 도시인 부산으로 향하는 기차를 탄 사람들이 살기 위해 사투를 벌임. 승객들이 하나둘 바이러스에 감염되는 상황에서 살아남기 위해 발버둥 치는 인물들의 모습을 통해 인간의 본성을 엿볼 수 있음.
- 요약 위기 상황에서 나타나는 인간의 본성

> 제가 최근에 가장 인상 깊게 본 영화는 〈부산행〉입니다. 〈부산행〉은 정체불명의 바이러스가 전국으로 확산되는 상황을 배경으로 합니다. 마지막 남은 안전한 도시 부산으로 향하는 기차를 탄 사람들이 살아서 가기 위해 사투를 벌이는 내용이며, 승객들이 하나둘 바이러스에 감염되는 상황에서 살아남기 위해 발버둥 치는 인물들의 모습을 통해 인간의 본성을 엿볼 수 있었습니다. 영화의 등장인물 중에는 마지막까지 이기적인 모습을 보여 주는 인물도 있고 사랑하는 사람을 위해 자신을 희생하는 인물도 있기 때문입니다. 이 영화의 내용을 한마디로 요약하자면 '위기 상황에서 나타나는 인간의 본성'이라고 할 수 있겠습니다.

1 내가 좋아하는 도시를 한 단어로 표현하기

도시 이름

떠오르는 이미지

2 생활 속에서 신분증이 필요한 경우에 대해 예를 들어 설명하기

신분증의 기능

생활 속에서 쓰이는 예

KYUNG HEE KOREAN

경희한국어 고급 1 문법

부록

모범 답안

상대 높임표

문법 색인

1 | 동사 던가(요)?

연습 1
1) 몽골에 가 보니까 정말 밤하늘에 별이 많던가요?
2) 장수 마을 주민들은 어떤 음식을 자주 먹던가요?
3) 퇴사를 결심하면서 앞으로의 진로에 대해 불안하지 않던가요?
4) 거래처에서 우리 회사의 계약 조건에 대해 긍정적으로 평가하던가요?
5) 영화 상영 후에 주인공이 무대 인사를 왔다고 하던데 실물도 그렇게 잘 생겼던가요?

연습 2
1) 챙겼던가
2) 얘기했던가
3) 가 봤던가
4) 보내 주셨던가요

연습 3
1) 한국 유학 생활을 하면서 어떤 점이 힘들던가요?
2) 해외여행 때 번역기 앱을 사용해 보니까 정말 편리하던가요?
3) 이번 올림픽에서 금메달을 땄을 때 가장 먼저 누가 생각나던가요?
4) 제가 기억이 안 나서 그러는데 오늘 약속에 못 간다고 말했던가요?
5) 내가 전에도 장민한테 언제 고향에 돌아가냐고 물어봤던가?

2 | 동작동사 고자

연습 1
1) 배우 이동현 씨는 남몰래 불우이웃을 돕고자 수년째 익명으로 봉사 단체에 기부금을 전달했다고 합니다.
2) 소통의 기회를 마련하고자 이번 모임을 개최하게 되었습니다.
3) 반복되는 일상에서 벗어나고자 색다른 취미 활동을 즐기는 사람들이 늘고 있습니다.
4) 기후 변화의 심각성을 알리고자 환경 문제에 관한 다큐멘터리를 기획했다.
5) 소비자의 요구에 부응하고자 더 나은 서비스 프로그램을 마련 중입니다.

연습 2
1) 성장하고자 합니다
2) 본받고자 하는
3) 말씀드리고자 하는 / 한
4) 지켜 나가고자 합니다

연습 3
1) 진로에 대한 조언을 구하고자 전문가 상담을 신청했습니다.
2) 그동안 쌓은 요리 실력을 검증받고자 요리 경연 프로그램에 출연하게 되었습니다.
3) 대학생들의 스마트폰 앱 이용 빈도를 알아보고자 설문 조사를 실시했다.
4) 작년과 같은 피해를 막고자 올해는 태풍이 오기 전에 철저히 대비하고 있습니다.
5) 말하기 대회에서 한국 사람처럼 자연스럽게 이야기하고자 수십 번 반복해서 연습했습니다.

모범 답안

3 | 동사 건 동사 건

연습 1

1) 관객들은 그 노래를 알건 모르건 박수를 치며 다 같이 공연을 즐기더라고.
2) 입국자는 신고할 물건이 있건 없건 모두 세관 신고서를 작성해야 합니다.
3) 한국에서는 해가 바뀌면 생일이 지났건 안 지났건 나이를 먹는다면서요?
4) 대부분의 사람들은 소문이 사실이건 아니건 자신들이 믿고 싶은 대로 믿어 버려요.
5) 크리스마스 때는 어디에 가건 사람들로 북적북적할 거예요.

연습 2

1) 굽건 튀기건
2) 싸건 비싸건
3) 사용했건 안 했건
4) 받건 말건

연습 3

1) 국적이 같건 다르건 누구와도 친구가 될 수 있어요.
2) 대회에서 입상하건 못 하건 상관없이 최선을 다할 것이다.
3) 밤이건 낮이건 상관없으니까 문자 보면 답장 좀 보내 줘.
4) 날씨가 맑건 흐리건 유해한 자외선은 항상 존재하니까 선크림을 잘 발라야 해.
5) 누구를 만나건 먼저 웃으면서 인사를 하는 것이 좋잖아요.

4 | 동사 지 않을까 싶다

연습 1

1) 올해는 가뭄이 심해서 농작물 피해가 크지 않을까 싶습니다.
2) 좋은 정책이기는 하지만 예산이 확보되지 않으면 그 일을 추진하기 어렵지 않을까 싶습니다.
3) SNS에 올라오는 거짓 정보에 속지 않도록 자신만의 주관을 가져야 하지 않을까 싶다.
4) 조금만 일찍 출발했더라면 제시간에 도착할 수 있지 않았을까 싶어.
5) 자신의 일을 즐기는 것이야말로 성공의 지름길이 아닐까 싶어요.

연습 2

1) 낫지 않을까 싶어
2) 사라지지 않을까 싶습니다
3) 보낼 수 있지 않을까 싶습니다
4) 결과가 아닐까 싶습니다

연습 3

1) 그 영화는 관람객의 평점이 높으니까 흥행에 성공하지 않을까 싶어요.
2) 경기 전까지 큰 부상만 당하지 않는다면 이번 대회에서 신기록을 세울 수 있지 않을까 싶습니다.
3) 남한과 북한의 경제 협력이 이루어진다면 남북의 침체된 경제 위기를 극복할 동력이 되지 않을까 싶다.
4) 제가 가수로 데뷔하지 않았더라면 요리사가 되지 않았을까 싶어요.
5) 사고가 나자마자 119에 신고했더라면 더 많은 생명을 살릴 수 있지 않았을까 싶습니다.

5 | 동사 (는/ㄴ)다면서

연습 1
1) 상담원이 제품에 문제가 있으면 교환할 수 있다면서 일단 사진을 찍어서 보내 달라고 하네.
2) 아이가 뭐 먹을 거 없냐면서 집에 오자마자 냉장고를 뒤적거리더라고요.
3) 부모님께서 이번 방학 때는 꼭 가족 여행을 가자시면서 어디가 좋을지 물으셨어요.
4) 주민 대표단이 안전을 위해 시설 보완 예산을 확충하라면서 구청 앞에서 시위를 했어요.
5) 사장님께서 우리 회사는 IT 업계의 선두주자라시면서 직원들이 자부심을 가지고 일할 수 있는 환경을 만들겠다고 하셨어요.

연습 2
1) 세상에 공짜가 어디 있냐면서
2) 금강산도 식후경이라면서
3) 급할수록 돌아가라면서
4) 돌다리도 두들겨 보고 건너야 된다면서

연습 3
1) 어머니께서 오늘 집에 손님이 올 거라시면서 저에게 청소를 부탁하셨어요.
2) 초등학교 동창이 이게 얼마 만이냐면서 저를 반갑게 껴안아 주었어요.
3) 아버지께서 입학을 축하한다시면서 제가 갖고 싶었던 노트북을 선물로 주셨어요.
4) 그 사람은 자기가 이 분야의 전문가라면서 궁금한 게 있으면 무엇이든지 물어보라고 했다.
5) 손님들은 음식이 왜 이렇게 늦게 나오냐면서 불쾌한 표정을 지었다.

6 | 동작동사 는/ㄴ다는 것이

연습 1
1) 준비한 선물을 가지고 온다는 것이 깜빡하고 말았네요.
2) 오늘은 그냥 구경만 한다는 것이 또 충동구매를 하고 말았어.
3) 인천행 지하철로 갈아탄다는 것이 실수로 의정부행을 탔어요.
4) 세수하면서 잠깐 반지를 빼 놓는다는 것이 세면대 위에 두고 그냥 나왔어요.
5) 엘리베이터에 타려는 사람을 위해 열림 버튼을 누른다는 것이 닫힘 버튼을 누른 적이 있습니다.

연습 2
1) 오천 원을 낸다는 것이 / 게
2) 알람을 맞춘다는 것이 / 게
3) 친구한테 보낸다는 것이 / 게
4) 드라마를 본다는 것이 / 게

연습 3
1) 선생님이라고 부른다는 것이 '생선님'이라고 불러서 정말 부끄러웠어요.
2) 친구에게 부탁을 한다는 게 망설이다가 때를 놓치고 말았어요.
3) 시험 날 신분증을 챙긴다는 것이 그만 깜빡하고 나와 버렸어요.
4) 농담으로 웃음을 유도한다는 것이 오히려 분위기를 어색하게 만들어 버렸다.
5) 피곤해 보이셔서 커피를 한 잔 드린다는 것이 본의 아니게 실수를 했네요. 죄송합니다.

모범 답안

7 | 동사 (는/ㄴ)다더니

연습 1
1) 친구들은 다 가고 너 혼자 있다더니 한나도 같이 있었네.
2) 사람 마음도 날씨의 영향을 받는다더니 계속 비가 내리니까 괜히 우울해지는 것 같아요.
3) 사과가 세 개에 오천 원이라더니 마감 시간이 가까워지니까 다섯 개에 오천 원이래.
4) 연패를 한 대표팀 감독을 바꾸라더니 바로 다음 경기에서 큰 점수 차로 승리하자 아무도 그 이야기를 꺼내지 않았어요.
5) 엄마는 옛날에 공부를 아주 잘했다더니 알고 보니 수학을 50점 받은 적도 있더라고요.

연습 2
1) 모임에 못 온다더니
2) 시험이 끝났다더니
3) 낚시가 처음이라더니
4) 살기 좋다더니

연습 3
1) 친구가 전에는 같이 배낭여행을 가자더니 이제 와서 자기는 혼자 다니는 게 편하다며 따로 가자고 해요.
2) 이 도시가 세계적으로 유명한 친환경 생태도시라더니 정말 자가용 없이 자전거와 대중교통만 이용해도 아무 불편함 없이 다닐 수 있군요.
3) 지난주에 나더러 머리를 왜 그렇게 짧게 잘랐냐더니 너는 왜 나보다 더 짧게 잘랐어?
4) 현준 씨가 적성에 안 맞아 회사를 못 다니겠다더니 지난주에 결국 그만두었다고 하네요.
5) 제주도에 사는 친구가 놀러 오고 싶으면 언제든 오라더니 막상 가니까 별로 반가워하지 않는 것 같았어요.

8 | 동사 (으)ㄹ지도 모르다

연습 1
1) 회사의 신규 채용 경쟁률이 높아서 다음 기회에 도전해야 할지도 몰라요.
2) 출퇴근 시간에는 도로가 혼잡해서 대중 교통을 이용하는 것이 더 나을지도 몰라요.
3) 암에 대한 임상실험 결과가 좋지 않아서 시판 계획 일정을 연기해야 될지도 몰라요.
4) 요즘 단축 근무 기간이니 지금은 중앙도서관 문이 닫혔을지도 몰라요.
5) 우유가 한동안 냉장고 구석에만 있어서 상했을지도 몰라요.

연습 2
1) 쓰러져 잠들지도 몰라요
2) 무슬림이 있을지도 몰라서
3) 연락이 늦어질지도 모르니까
4) 마치지 못했을지도 몰라요

연습 3
1) 두 시간 전에 출발했다고 하니까 지금쯤 도착했을지도 몰라요.
2) 실패를 만회하려고 열심히 노력했으니까 이번에는 합격할지도 몰라요.
3) 사춘기 때 선생님의 도움이 없었다면 많이 방황했을지도 몰라요.
4) 뒤늦게 참석을 알려오는 분들도 계시니 객실을 두 개 정도 더 여유 있게 예약해야 할지도 모릅니다.
5) 홍길동처럼 동에 번쩍 서에 번쩍 하는 사람이니까 이번에도 연락 없이 갑자기 나타날지도 몰라.

9 | 동사 (으)면서도

연습 1
1) 이 집 떡볶이는 아주 매우면서도 중독성 있는 맛 때문에 검색어 1위에 올랐어요.
2) 인간은 외로움을 두려워하면서도 타인으로부터 자유로워지기를 원하는 이중성을 지니고 있다.
3) 아이가 고른 물건이 마음에 들지 않았는지 엄마는 지갑을 열면서도 표정이 영 좋지 않았다.
4) 그 친구는 고기를 3인분이나 먹었으면서도 후식으로 냉면까지 한 그릇 비우더라고요.
5) 업체는 제품에 문제가 있음을 인정했으면서도 아직까지 보상 방안을 내놓지 않고 있습니다.

연습 2
1) 엄격하시면서도
2) 비슷한 것 같으면서도
3) 거절당했으면서도
4) 잘못했으면서도

연습 3
1) 이 건물은 임대료가 싸면서도 실내가 넓어서 입주자들의 만족도가 높다.
2) 그는 주식 투자로 큰 손해를 봤으면서도 미련을 버리지 못했다고 한다.
3) 그녀는 직업이 요리사이면서도 음식을 만드는 일이 즐겁지 않다고 말했다.
4) 동료의 성공이 부러우면서도 밤늦게까지 일만 하는 걸 보면 측은한 생각이 들기도 한다.
5) 어머니는 자녀를 위해서는 모든 것을 아끼지 않으시면서도 정작 자신을 위해서는 돈을 잘 쓰지 않으신다.

10 | 동사 (으)ㅁ

연습 1
1) 국내 총생산(GDP) 증가는 경기 활성화에 긍정적 영향을 미침이 틀림없습니다.
2) 회사 기밀 유출은 내부자의 소행임이 분명해 보인다.
3) 진실이 밝혀지기 전까지는 그 사람 말이 거짓이었음을 몰랐다.
4) 교육부 장관은 외국인 유학생을 위한 특별 지원 정책이 필요함을 주장했다.
5) 찬드라 씨는 달력을 보다가 동생의 생일이 지났음을 발견했다.

연습 2
1) 관심을 가지고 있음이
2) 근거가 부족함을
3) 진상을 은폐했음이
4) 기술을 전수받았음을

연습 3
1) 정우는 시험 성적표를 받고 앞으로 더 많은 노력이 필요함을 느꼈다.
2) 아이돌 가수 태호는 기자 회견을 통해 지난달 비밀리에 결혼했음을 알렸다.
3) 이번 실험을 통해 브로콜리에 치매 예방 성분이 함유되어 있음이 밝혀졌다.
4) 탑승(搭乘): 비행기나 배, 차 따위에 올라탐.
5) 19세 미만 청소년들에게 담배 판매를 금지함.

모범 답안

11 | 동사 (는/ㄴ)다던데

연습 1
1) 서울전자에서 새로운 휴대폰을 출시한다던데 언제쯤 나오는지 궁금합니다.
2) 종이는 크기에 상관없이 아홉 번 이상 못 접는다던데 사실일까요?
3) 학교 앞에 커피숍이 새로 생겼다던데 수업 끝나고 같이 가 보자.
4) 요즘 독감이 유행이라던데 평소에 손을 자주 씻고 외출할 때는 마스크를 착용하세요.
5) 비자 연장 신청서는 국제교육원 행정실에서 받으라던데 여기에서 받는 게 맞나요?

연습 2
1) 혈액 순환이 잘된다던데
2) 발 디딜 틈도 없다던데
3) 내일까지 제출하라시던데
4) 창업을 하자던데

연습 3
1) 스킨스쿠버는 몇 시간만 배우면 초보자도 쉽게 즐길 수 있다던데 이번 여름에 도전해 봐야겠어요.
2) 음료는 무인 기기에서 주문하라던데 기기 사용법 좀 가르쳐 주세요.
3) 이번 주 토요일에 만나서 발표 준비를 같이 하자던데 시간 괜찮아?
4) 회사 근처에 치킨집이 새로 생겼다던데 퇴근 후에 가 볼래요?
5) 요즘 매운 떡볶이가 유행이라던데 한번 먹어 보고 싶어.

12 | 동작동사 기

연습 1
1) 대부분의 부모들은 아이들이 책을 가까이 하기를 원하지요.
2) 새 학기가 되면 학교 앞 식당들이 활기를 띠기 시작합니다.
3) 이 아파트 단지 중앙에는 넓은 잔디 광장이 있어 산책을 즐기기에 좋아요.
4) 갈색 선글라스는 시야를 넓고 선명하게 해 주므로 운전자들이 사용하기에 적당하다.
5) 당분간 비 내리는 날이 많을 것으로 예상되니 기상 정보를 꼼꼼히 확인하시기 바랍니다.

연습 2
1) 느끼기(가)
2) 아끼기
3) 언급하기(가)
4) 움직이기(가)

연습 3
1) 깨끗하게 정리하기
2) 자기 물건처럼 소중하게 다루기
3) 사용 후에는 반드시 끄기
4) 준비 운동 하기
5) 걸을 때 조심하기
6) 탈의실에서 음식물 먹지 않기

13 | 동사 (으)ㄴ/는 반면(에)

연습 1 1) 적당한 운동은 건강에 도움이 되는 반면에 지나친 운동은 건강에 독이 될 수도 있어요.
2) 소극적 자유는 '할 수 있는 것을 하는 것'을 의미하는 반면에 적극적 자유는 '하고 싶은 것을 하는 것'을 의미합니다.
3) 북극 지방의 평균 기온은 영하 35℃ 정도인 반면에 적도 지방의 평균 기온은 영상 35℃에 달한다.
4) 플라스틱은 생활에 편리를 가져온 반면에 함부로 버려지면서 환경 파괴의 주요인이 되고 있다.
5) 줄임말은 그것을 사용하는 사람들의 결속력을 높여 주는 반면에 그 의미를 알지 못하는 사람들과의 소통에는 방해가 된다.

연습 2 1) 번거로운 반면에
2) 유용한 반면에
3) 선호하는 반면에
4) 사용되는 반면에

연습 3 1) 아랍어는 오른쪽에서 왼쪽으로 글을 쓰는 반면에 한국어는 왼쪽에서 오른쪽으로 글을 써요.
2) 동물은 소리나 몸짓을 이용해 의사소통하는 반면에 인간은 주로 음성과 문자로 생각을 주고받는다.
3) 단 음식은 기분을 좋아지게 하는 반면에 비만과 피로 등 여러 건강 문제의 원인이 될 수 있대요.
4) 그 사람은 자기와 관련된 일에는 발 벗고 나서는 반면에 남의 일은 거들떠보지도 않는 것 같아요.
5) 적당한 햇빛은 건강에 유익한 반면에 햇빛에 과도하게 노출되면 화상을 입거나 피부가 노화될 수 있어 주의해야 합니다.

14 | 상대 높임 1 하오체

연습 1 1) 내가 알려 준 시간과 장소를 꼭 기억해야 하오.
2) 물이 깊어야 큰 배를 띄울 수 있소.
3) 마음을 진정하고 무슨 일이 있었던 건지 천천히 이야기해 주겠소?
4) 선생님을 뵙지 못한 지도 오래됐으니 우리 같이 인사드리러 갑시다.
5) 다음 질문을 읽고 알맞은 답을 고르시오.

연습 2 1) 흡족하오 / 흡족하구려
2) 아시오
3) 마음 트고 지냅시다
4) 도맡아 그린다고 하오

연습 3 1) 격려하였소
2) 지나치지 않았소
3) 아오
4) 새길 것이오
5) 다했소
6) 알고 있소
7) 합시다

모범 답안

15 | 동사 지 않고서는

연습 1
1) 직접 만나서 이야기해 보지 않고서는 그 사람이 어떤 사람인지 알 수 없지요.
2) 힘들더라도 부당한 권력과 싸우지 않고서는 정의를 실현하기 어렵습니다.
3) 토론을 할 때는 논리적인 근거를 제시하지 않고서는 상대방을 설득할 수 없어요.
4) 서랍에 중요한 서류를 넣어 둬서 열쇠를 찾지 않고서는 오늘 밤 편히 잠들기 힘들 것 같아.
5) 나는 말수가 적어서 어지간히 가까운 사이가 아니고서는 먼저 내 이야기를 꺼내지 않는 편이야.

연습 2
1) 웬만큼 아프지 않고서는
2) 직접 해 보지 않고서는
3) 사명감을 갖지 않고서는
4) 공을 들이지 않고서는

연습 3
1) 컴퓨터를 당장 수리하지 않고서는 이틀 안에 보고서를 마무리할 수 없다.
2) 웬만한 실력이 아니고서는 토픽 5급을 통과하기 어렵다.
3) 당장 수술을 하지 않고서는 목숨을 구할 수 없을 거예요.
4) 선수들이 서로를 배려하며 협력하지 않고서는 단체 경기에서 승리하기가 힘듭니다.
5) 어지간히 운이 좋지 않고서는 복권에 당첨되는 것이 불가능해요.

16 | 동작동사 (으)ㄹ 것

연습 1
1) 재활용 쓰레기는 분리해서 버릴 것.
2) 이 약은 식후 30분에 복용할 것.
3) 인터넷 비밀번호는 수시로 변경할 것.
4) 버스에 음료수를 들고 타지 말 것.
5) 다 읽은 책은 제자리에 갖다 놓을 것.

연습 2
1) 계단을 이용할 것
2) 목줄을 할 것
3) 뽑을 것 / 뽑아 놓을 것 / 뽑아 둘 것
4) 기대지 말 것
5) 넣지 말 것

연습 3
1) 안전사고가 발생할 수 있으니 안전점검을 할 것을 / 안전모를 착용할 것을 강조했다.
2) 야외 활동 시 자외선에 노출되지 않도록 자외선 차단제를 바를 것을 권했습니다.
3) 신문 기사에 잘못된 내용이 있어서 정정해 줄 것을 / 삭제해 줄 것을 요청했어요.
4) 단체 여행이므로 늦지 말 것을 / 지각하지 말 것을 / 개인행동을 하지 말 것을 당부했다.
5) 기내에서 다른 승객에게 피해를 끼칠 수 있으므로 돌발 행동을 자제해 줄 것을 부탁했다.

17 | 명사 은/는

연습 1
1) 언니는 밥도 왼손으로 먹고 가위질도 왼손으로 해요.
2) 모든 먹거리는 제철에 먹어야 그 맛을 온전히 느낄 수 있습니다.
3) 온돌은 열기가 방바닥 아래를 지나가게 하여 방을 덥히는 난방 장치이다.
4) 화가 이중섭의 엽서화는 그가 사랑하는 여인에게 보낸 일종의 연애편지였다고 합니다.
5) 잘 가꾸어진 도심 속 공원은 삭막한 도시에서 살아가는 사람들에게 잠시나마 위로가 되는 공간입니다.

연습 2
1) 대도시의 월세는
2) 그 시간은
3) 남자는
4) 이번 축제는

연습 3
1) 산골 마을은
2) 영화배우는
3) 우리 대학은
4) 뾰족한 젓가락은

연습 4
1) 이, 은
2) 은, 이
3) 는, 이, 가
4) 가, 는
5) 은, 이

18 | 동사 (는/ㄴ)다니까

연습 1
1) 특별 할인 행사 중이라서 인터넷보다 저렴하다니까 우리도 필요한 게 있는지 보러 갑시다.
2) 국립중앙박물관은 평일 오후 6시에 문을 닫는다니까 너무 늦게 가면 안 될 것 같아요.
3) 새로운 헤어스타일이 잘 어울린다니까 한나 씨가 쑥스러워하더라고요.
4) 행사 때문에 시내 교통이 일부 통제될 예정이라니까 우회 도로를 이용하는 게 어때요?
5) 더 이상의 손님은 받지 않겠다니까 기다리던 사람들이 실망감을 감추지 못했습니다.

연습 2
1) 이해가 안 된다니까
2) 피로가 가신다니까
3) 장학금을 받았다니까
4) 날씨가 맑다니까

연습 3
1) 친구들에게 새집으로 이사를 했다니까 집들이를 하라고 성화예요.
2) 동생에게 지금 일어나지 않으면 개강 첫날부터 지각하겠다니까 5분 만에 씻고 챙겨서 나갔어요.
3) 친구에게 지난달에 빌려준 책을 돌려 달라니까 그때서야 잃어버렸다고 고백하더라고요.
4) 직장 동료에게 일찍 퇴근하자니까 할 일이 남았다면서 저더러 먼저 가라고 했어요.
5) 친구에게 전화해서 어디쯤 왔냐니까 시간을 착각해서 지금 출발한대요.

모범 답안

19 | 동작동사 지 않을 수 없다

연습 1
1) 마음을 울리는 그의 노랫소리에 누구라도 반하지 않을 수 없을 것이다.
2) 이반은 주문하지 않은 물건을 배송받고 난감해하지 않을 수 없었다.
3) 최 모 씨의 알리바이가 완벽해서 사람들은 그에게 죄가 없다고 믿지 않을 수 없었다.
4) 아무리 경영 상태가 좋지 않아도 회사의 미래를 위해 연구 개발비를 늘리지 않을 수 없다.
5) 형편이 어려운 학생을 남몰래 도와 온 김 선생님의 따뜻한 선행에 감동하지 않을 수 없다.

연습 2
1) 한번 들여다보지 않을 수 없어서
2) 배신감을 느끼지 않을 수 없네요
3) 계획을 보류하지 않을 수 없다고
4) 마음을 다잡지 않을 수 없습니다

연습 3
1) 강사의 뛰어난 말솜씨에 사람들은 시종일관 귀를 기울이지 않을 수 없었다.
2) 강한 태풍으로 인해 고향으로 돌아가는 비행기가 뜨지 못해서 다른 방법을 찾지 않을 수 없었어요.
3) 눈이 불편한 어머니를 대신해 어린 딸이 살림을 꾸려 온 이야기를 듣고 감동의 눈물을 흘리지 않을 수 없었다.
4) 사고 현장에서 보여준 그의 신속한 조치에 우리는 놀라지 않을 수 없었습니다.
5) 단짝 친구와 함께했던 추억이 그리워 나는 그곳에 다시 가 보지 않을 수 없었다.

20 | 동사 (는/ㄴ)다기보다(는)

연습 1
1) 완벽한 해결책을 원한다기보다(는) 저희의 의견을 최대한 반영해 주셨으면 합니다.
2) 아이가 한 말을 못 믿는다기보다(는) 정확한 내용을 한 번 더 확인하고 싶어서 여쭤보는 거예요.
3) 문제 자체가 어렵다기보다(는) / 어려웠다기보다(는) 시간이 부족해서 끝까지 풀지 못했어요.
4) 김세아 선수의 실력은 타고난 재능이라기보다(는) 남들보다 수천 배 이상 노력한 결과라고 할 수 있다.
5) 제 실력이 뛰어나서라기보다(는) 팀원들의 협력 덕분에 잘 마무리된 것 같습니다.

연습 2
1) 돈을 바란다기보다(는)
2) 기억력이 좋다기보다(는)
3) 긴장된다기보다(는)
4) 동료라기보다(는)

연습 3
1) 문화가 달라서 힘들다기보다(는) 가족과 떨어져 있어서 좀 외로울 뿐이야.
2) 저는 좋은 평가를 받고 싶다기보다(는) 프로젝트가 문제없이 잘 끝나기만을 바랍니다.
3) 음식이 입에 안 맞는다기보다(는) 요즘 건강을 위해 소식하고 있거든요.
4) 비자 신청 절차가 복잡하다기보다(는) 준비해야 할 서류가 많아서 번거로워요.
5) 결혼 소식을 듣고 놀랐다기보다(는) 두 사람이 사귀는 줄도 모르고 있어서 놀랐어요.

21 | 동작동사 느니

연습 1
1) 수수료를 내고 돈을 찾느니 동생에게 잠깐 빌려야겠다.
2) 시험 전날 밤새우며 고생하느니 귀찮더라도 매일 복습해 두는 게 좋아.
3) 내 말을 이해하지 못하는 사람들과 이야기하느니 차라리 입을 다물고 있겠어요.
4) 마음이 맞지 않는 친구와 함께 사느니 돈이 더 들더라도 혼자 살겠다.
5) 공연히 기대에 부풀었다가 실망하느니 마음을 비우는 게 낫겠어요.

연습 2
1) 거짓말을 하느니
2) 마음에 안 드는 옷을 입느니
3) 나중에 후회하느니
4) 장사를 계속하느니

연습 3
1) 그의 소식을 무작정 기다리느니 어떻게든 연락을 취해 보는 게 어떨까?
2) 몇 번 쓰지도 않을 물건을 사느니 친구에게 빌려서 쓰는 편이 좋겠다.
3) 쓸데없는 오해를 일으킬 댓글을 다느니 그냥 가만히 구경이나 하는 게 낫지.
4) 잘 보이지도 않는 자리에서 관람을 하느니 좀 기다리더라도 다음 공연을 예매하는 편이 나아요.
5) 네가 아파 괴로워하는 걸 보느니 차라리 내가 아픈 게 낫겠어.

22 | 동사 (으)ㄹ걸(요)

연습 1
1) 두 마리 정도면 적당할걸요. 다른 음식도 있으니까 부족하지 않을 거예요.
2) 너도 한번 보면 빠져나오기 힘들걸. 이건 단순한 드라마가 아니라 우리 인생 그 자체야.
3) 오토바이보다는 자전거가 나을걸요. 가격도 저렴하고 운동도 되잖아요.
4) 이미 끊겼을걸요. 막차가 열두 시 반인데 지금 35분이에요.

연습 2
1) 길이 막힐걸
2) 소리 지를걸
3) 다 못 먹을걸요
4) 쉽지 않을걸요

연습 3
1) 우리가 특별한 학생이었으니까 바로 알아보실걸.
2) 모든 팀의 실력이 막상막하라서 이번엔 힘들걸요.
3) 인기 있는 콘서트라서 벌써 매진됐을걸.
4) 과거나 미래를 바꿀 수 있으니까 서로 먼저 타려고 할걸요.
5) 곤충에는 단백질이 많다고 하니까 먹으려고 하는 사람도 있을걸.

모범 답안

23 | 상태동사 기 짝이 없다

연습 1
1) 나래은행 대출 절차를 다른 은행 대출 시스템과 비교해 보면 정말 허술하기 짝이 없어요.
2) 출퇴근 시간마다 차량 혼잡이 극심해서 불편하기 짝이 없습니다.
3) 아침 일찍 출근해서 준비했는데 갑자기 일정이 취소되니 정말 당황스럽기 짝이 없네요.
4) 나이가 어리다고 초면인데도 말을 놓는 사람들을 보면 불쾌하기 짝이 없습니다.
5) 불량 식품을 팔아 놓고 나 몰라라 하는 회사의 태도는 무책임하기 짝이 없습니다.

연습 2
1) 안타깝기 짝이 없어요
2) 불친절하기 짝이 없어서
3) 유치하기 짝이 없네
4) 위험하기 짝이 없는

연습 3
1) 내 실수로 경기에 패한 것 같아서 정말 미안하기 짝이 없다.
2) 개발 정책으로 평생 살던 곳에서 어느 날 갑자기 쫓겨나게 된다면 억울하기 짝이 없을 거예요.
3) 같은 실수를 반복하다니 정말 어리석기 짝이 없어요.
4) 노력한 만큼 좋은 결과를 얻게 되어 기쁘기 짝이 없습니다.
5) 제가 어려울 때마다 도움을 주시니 정말 고맙기 짝이 없습니다.

24 | 상대 높임 2 하게체

연습 1
1) 이번 달 동창 모임은 언제 가지기로 했나? / 했는가?
2) 같은 실수를 반복하지 않도록 끝까지 긴장을 늦추지 말게.
3) 상황이 좋지는 않지만 목표를 이룰 수 있도록 최선을 다하세.
4) 여기가 자네가 10년 동안 일했다는 곳인가?
5) 3주 후에 있을 팀별 발표에 대해 공지를 부탁하네.

연습 2
1) 한잔하세
2) 잡아 보게
3) 괜찮아졌나 / 괜찮아졌는가
4) 어렵겠네

연습 3
1) 좀 어떤가
2) 같이 해 보세
3) 많이 쌓았나 / 쌓았는가
4) 다른 곳을 알아보게

25 | 동사 (으)려나?

연습 1
1) 어제 비를 맞아서 그런지 몸이 으슬으슬한데 감기가 오려나?
2) 소식이 뜸하던 친구한테서 오랜만에 이메일이 왔는데 무슨 반가운 소식이 있으려나?
3) 예전에는 이 집 음식이 맛있어서 자주 오곤 했는데 지금은 어떠려나?
4) 팬 미팅 표가 매진됐던데 당일 아침 현장에 가면 표를 구할 수 있으려나?
5) 등산로 입구에서 두 시간도 넘게 올라온 것 같은데 정상까지 얼마나 남았으려나?

연습 2
1) 미끄럽지 않으려나 모르겠다
2) 가지고 있으려나
3) 끝났으려나 모르겠다
4) 절판됐으려나

연습 3
1) 노트북 화면이 안 나오는데 수리를 맡기면 수리비가 얼마나 나오려나?
2) 우리 오늘 캠핑장에서 열두 시에 보기로 했지? 벌써 열한 시가 넘었는데 늦지 않으려나?
3) 학교 홈페이지를 보니 캠퍼스가 엄청나게 넓던데 셔틀버스가 다니려나 모르겠어요.
4) 세 시간이나 노래를 불렀는데 목이 안 아프려나 모르겠네.
5) 이 근처에서는 꽤 유명한 식당인데 음식이 입에 맞으시려나 모르겠습니다.

26 | 동작동사 는 한

연습 1
1) 욕심을 버리지 않는 한 자신의 인생에 만족하면서 살 수 없어.
2) 상대에 대한 배려 없이 자기 의견만 주장하는 한 토론이 원활하게 진행되기는 어렵습니다.
3) 평화를 위해 다 같이 마음을 모으지 않는 한 우리가 바라는 통일이 되는 건 쉽지 않을 거야.
4) 앞으로 일어날 문제에 대해 미리 대비하지 않는 한 소 잃고 외양간 고치는 상황이 발생할지도 모른다.
5) 한국 현대사에 관한 한 이 소설을 뛰어넘을 작품은 아직까지 없다고 봐요.

연습 2
1) 지속되는 한
2) 무대가 있는 한
3) 도움이 없는 한
4) 가능한 한

연습 3
1) 응원해 주는 가족이 존재하는 한 힘들거나 외롭지 않아요.
2) 내 힘이 닿는 한 많은 분들을 도와드리고 싶은 마음뿐이에요.
3) 일에 대한 의욕이 있는 한 젊은이들 못지않게 일할 수 있다고 생각합니다.
4) 계획을 체계적으로 세우지 않는 한 작심삼일이 될 수도 있어.
5) 될 수 있는 한 빨리 수술을 받으셔야 완치될 확률이 높습니다.

모범 답안

27 | 동사 지

연습 1
1) 이곳은 누구나 쉴 수 있는 카페지 혼자서 공부하는 도서관이 아니잖아요.
2) 선물 상자가 크기만 하지 내용물은 실속이 없네.
3) 무슨 일이든 처음에만 힘들지 하다 보면 괜찮아질 거야.
4) 그 사람은 나이만 많지 하는 행동을 보면 철없는 아이 같다.
5) 자식은 하나의 인격체로 대해야지 부모의 소유물로 여기면 안 됩니다.

연습 2
1) 더 쓰지
2) 요기라도 하지
3) 진작 그렇게 하지
4) 신어 보고 사지

연습 3
1) 영양제도 건강 상태에 맞아야 약이지 맞지 않으면 독이 된다.
2) 저 배우는 텔레비전으로만 봤지 실제로 보긴 처음이에요.
3) 우리는 한국에 공부하러 왔지 놀러 온 게 아니니까 열심히 공부합시다.

연습 4
1) 네가 금방 올 줄 알고 밥도 안 먹고 기다렸잖아. 늦을 것 같으면 전화라도 하지 그랬어?
2) 서류에 계좌번호를 잘못 써서 냈다고요? 한 번 더 확인해 보고 내지 왜 그냥 냈어요?
3) 겨우 3층 걸어 올라온 걸 가지고 이렇게 힘들어하는 거예요? 평소에 운동 좀 하지 그랬어요?

28 | 동사 (으)ㄴ/는걸(요)

연습 1
1) 가격이 좀 비싸긴 해도 소재가 좋고 고급스러워 보이는걸.
2) 물론이죠. 정 대리님이 어제 자세히 설명해 주셨는걸요.
3) 좀 외로울 때도 있었지만 혼자 여행하니까 생각을 많이 하게 되던걸.
4) 글쎄요. 사람들과 같이 취미 생활을 하는 건 즐거운데 의외로 비용이 많이 들던걸요.

연습 2
1) 몸이 늘어지는걸
2) 혈색이 좋아졌는걸요
3) 이해가 가던걸요
4) 그릇을 싹 비웠던걸

연습 3
1) 고마워. 디자인이랑 색깔이 깔끔하고 무엇보다 부드럽게 잘 써지는걸.
2) 그럼. 어제도 고향 친구 생일이라서 거기에서 파티를 했는걸.
3) 인상도 좋고 호감 가는 성격이지만 취미가 너무 다르던걸요.
4) 저는 햇살도 뜨겁지 않고 오히려 선선해서 산에 오르기 좋은걸요.
5) 응. 지난 모임에서는 조원들이 모두 준비를 해 왔던걸.

29 | 동사 고도

연습 1 1) 막대한 돈을 쏟아 붓고도 출산율을 높이는 데 실패했다.
2) 우리 대표 팀이 잘 싸우고도 아쉽게 우승을 놓쳤습니다.
3) 그는 대기업에 합격하고도 남들과 차별화된 경력을 쌓고 싶어 해외 취업을 선택했다.
4) 오천 명의 인원을 동원하고도 범인을 검거하지 못한 경찰의 무능함에 많은 시민들의 질타가 이어지고 있다.
5) 십 년 넘게 영어를 공부하고도 막상 외국인 앞에 서면 입 한번 제대로 떼지 못하는 사람들이 적지 않습니다.

연습 2 1) 넓고도 좁다
2) 길고도 짧은
3) 크고도 무거운
4) 참신하고도 기발한

연습 3 1) 나츠미는 밤새워 발표 준비를 하고도 제시간에 끝내지 못했다.
2) 그는 뛰어난 능력을 갖추고도 세상 사람들에게 인정을 받지 못했다.
3) 노사는 장장 3일 간의 마라톤 협상을 하고도 합의점을 찾는 데 실패했습니다.
4) 장민은 감기에 걸려 제 실력을 발휘하지 못하고도 오디션 프로그램에서 우승했어요.
5) 레아는 친구 아버지가 돌아가셨다는 연락을 받고도 바쁜 일정 탓에 가 보지 못했다.

30 | 동작동사 자면

연습 1 1) 불필요한 지출을 막자면 소비 습관부터 점검하는 것이 좋다.
2) 다음 주까지 보고서를 완성하자면 오늘 안에 자료 조사를 마쳐야 합니다.
3) 작업의 효율성을 높이자면 각자의 역할을 나눠야 하지 않을까요?
4) 덧붙이자면 세종대왕은 음악에도 조예가 깊었다고 합니다.
5) 지금까지의 내용을 정리하자면 수면의 양보다 질이 중요하다는 것입니다.

연습 2 1) 시간을 효율적으로 쓰자면
2) 그런 오해가 생기지 않도록 하자면
3) 그런 손해를 줄이자면
4) 간단히 말씀드리자면

연습 3 1) 유학 생활에 빨리 적응하자면 그 나라의 사람들과 자주 어울리는 것이 좋다고 생각해요.
2) 컴퓨터 속도를 높이자면 불필요한 파일부터 삭제해야 합니다.
3) 20대를 계절에 비유하자면 봄이라고 할 수 있지요.
4) 재미있는 한국어 표현의 예를 들자면 '우리 남편', '손맛' 등이 있다.
5) 내 인생에서 가장 긴장되었던 순간을 꼽자면 인천공항에 내려 낯선 한국 땅을 처음 밟았을 때였다.

상대 높임표

상황	등급 \ 종결형	평서형	의문형	명령형	청유형	감탄형
격식	아주 높임	–ㅂ/습니다	–ㅂ/습니까?	–(으)십시오	–	–
		책을 읽습니다. 밥을 먹었습니다. 바다가 아름답습니다. 여기는 학교입니다.	집에 갑니까? 일을 마쳤습니까? 요즘 바쁩니까? 내일은 휴일입니까?	자리에 앉으십시오.	–	–
	조금 높임	–(으)오/소	–(으)오?/소?	–(으)시오	–(으)ㅂ시다	–(는)구려!
		책을 읽소. 밥을 먹었소. 바다가 아름답소. 여기는 학교요.	집에 가오? 일을 마쳤소? 요즘 바쁘오? 내일은 휴일이오?	자리에 앉으시오.	같이 영화를 봅시다.	눈이 오는구려! 꽃이 피었구려! 날씨가 좋구려! 합격이구려!
	조금 낮춤	–네	–(으)ㄴ/는가? –나?	–게	–(으)세	–(는)구먼! –네!
		책을 읽네. 밥을 먹었네. 바다가 아름답네. 여기는 학교일세.	집에 가는가? /가나? 일을 마쳤는가? / 마쳤나? 요즘 바쁜가? 내일은 휴일인가?	자리에 앉게.	같이 영화를 보세.	눈이 오는구먼! 꽃이 피었구먼! 날씨가 좋구먼! 합격이구먼!
	아주 낮춤	–(는/ㄴ)다	–(으/느)냐?	–(으)라	–자	–(는)구나!
		책을 읽는다. 밥을 먹었다. 바다가 아름답다. 여기는 학교이다.	집에 가냐? / 가느냐? 일을 마쳤냐? / 마쳤느냐? 요즘 바쁘냐? 내일은 휴일이냐?	자리에 앉으라. –아라/어라 자리에 앉아라.	같이 영화를 보자.	눈이 오는구나! 꽃이 피었구나! 날씨가 좋구나! 합격이구나!
비격식	두루 높임	–아요/어요	–아요/어요?	–아요/어요	–아요/어요	–아요/어요!
		책을 읽어요. 밥을 먹었어요. 바다가 아름다워요. 여기는 학교예요.	집에 가요? 일을 마쳤어요? 요즘 바빠요? 내일은 휴일이에요?	자리에 앉아요. –(으)세요 자리에 앉으세요.	같이 영화를 봐요.	눈이 와요! 꽃이 피었어요! 날씨가 좋아요! 합격이에요!
	두루 낮춤	–아/어	–아/어?	–아/어	–아/어	–아/어!
		책을 읽어. 밥을 먹었어. 바다가 아름다워. 여기는 학교야.	집에 가? 일을 마쳤어? 요즘 바빠? 내일은 휴일이야?	자리에 앉아.	같이 영화를 봐. –자 같이 영화를 보자.	눈이 와! 꽃이 피었어! 날씨가 좋아! 합격이야!

문법 색인

메모

메모

메모